Kinder brauchen Hoffnung
Band 4
Wie sieht Gott eigentlich aus?

# KINDER BRAUCHEN HOFFNUNG

## Religion im Alltag des Kindergartens

herausgegeben von
Christoph Th. Scheilke und Friedrich Schweitzer

in Verbindung mit dem
Evangelischen Landesverband Tageseinrichtungen für Kinder in Württemberg,
dem Pädagogisch-Theologischen Institut der Evangelischen Kirche im Rheinland,
dem Religionspädagogischen Institut Loccum der Evangelisch-lutherischen Landeskirche
Hannovers,

mit Unterstützung der
Bundesvereinigung Evangelischer Tageseinrichtungen für Kinder
und der
Evangelischen Kirche in Deutschland

Die Konzeption der Reihe »Kinder brauchen Hoffnung. Religion im Alltag des Kindergartens«
wurde von einer Arbeitsgruppe entwickelt, an der folgende Personen beteiligt waren:

Götz Doyé (Berlin)
Marion Eimuth (Frankfurt)
Volker Elsenbast (Münster)
Frieder Harz (Nürnberg)
Georg Hohl (Stuttgart)
Regina Loga (Bad Ganderkesee)
Rainer Möller (Koblenz)

Claudia Müller (Radebeul)
Heinz-Otto Schaaf (Hann. Münden)
Christoph Th. Scheilke (Stuttgart)
Friedrich Schweitzer (Tübingen)
Peter Siebel (Bonn)
Gretel Wildt (Berlin)

# Wie sieht Gott eigentlich aus?
## Wenn Kinder nach Gott fragen

### Band 4:

Herausgegeben von
Christoph Th. Scheilke und Friedrich Schweitzer

Comenius Institut, Münster — 2006
2. korrigierte Auflage

**Eine Veröffentlichung des Comenius Instituts, Münster**

Bibliografische Information Der Deutschen Bibliothek

Die Deutsche Bibliothek verzeichnet diese Publikation in der Deutschen Nationalbibliografie; detaillierte bibliografische Daten sind im Internet über http://dnb.ddb.de abrufbar.

Dieses Werk folgt der reformierten Rechtschreibung und Zeichensetzung. Ausnahmen bilden Texte, bei denen künstlerische, philologische oder lizenzrechtliche Gründe einer Änderung entgegenstehen.

ISBN 3-924804-75-3
© Comenius Institut, Münster 2006

Das Werk einschließlich aller seiner Teile ist urheberrechtlich geschützt. Jede Verwertung außerhalb der engen Grenzen des Urheberrechtsgesetzes ist ohne Zustimmung des Verlages unzulässig und strafbar. Das gilt insbesondere für Vervielfältigungen, Übersetzungen, Mikroverfilmungen und die Einspeicherung und Verarbeitung in elektronischen Systemen.

Umschlaggestaltung: die grafik kooperation verspool, Münster
Satz: Sekretariat des Comenius Instituts Münster
Druck und Bindung: Wrocklage GmbH Intermedia, Ibbenbüren
Printed in Germany

# Inhalt

## Einleitung

| | | |
|---|---|---|
| Friedrich Schweitzer | Zu diesem Band | 6 |
| Friedrich Schweitzer | Wie Kinder sich Gott vorstellen: Zur Entwicklung des Gottesverständnisses im Kindesalter | 10 |

## Ausgewählte Dimensionen

| | | |
|---|---|---|
| Frieder Harz/Peter Siebel | Von Gott erzählen | 18 |
| Martin Schreiner | Bilder von Gott zwischen Kunst und Kinderkultur | 28 |
| Johanna Wittmann | Gott in anderen Religionen – mit Kindern? | 34 |
| Ulrike Uhlig | Im Kindergarten zu Gott beten? | 39 |
| Götz Doyé | Vertrauen gestalten: Gott in anderen Menschen begegnen | 46 |
| Martin Küsell | Schwierige Kinderfragen beantworten | 52 |

## Nachdenken

| | | |
|---|---|---|
| Christoph Th. Scheilke | »Wie kann Gott das zulassen?« Fragen an das Bild vom »lieben Gott« | 59 |
| Marion Eimuth | Auf der Suche nach einem Gottesbild Was Erwachsenen Schwierigkeiten macht | 66 |
| Martin Küsell | Bilderbücher zum Thema Gott | 73 |

Quellenverzeichnis ..........78

Autorinnen und Autoren ..........79

# Zu diesem Band

**Friedrich Schweitzer**

»Wie sieht Gott eigentlich aus?«

Viele Kinder im Alter von vier oder fünf Jahren fragen so oder zumindest so ähnlich. Für die Kinder ist es keine Frage, »dass es Gott gibt«. Und doch bleibt Gott für sie geheimnisvoll, weil sie spüren, dass auch Erwachsene hier keine fertige Antwort wissen. Und so fragen sie weiter:

*»Wo wohnt Gott eigentlich? Schläft Gott auch manchmal? Kann Gott uns wirklich hören? Und was ist, wenn alle zugleich mit ihm reden wollen?«*

Für die Erwachsenen kommen solche Fragen oft ganz unvermittelt – nebenbei in der Küche, beim Vorlesen oder einfach so. Für die Kinder ist das anders. Hinter ihren Fragen stehen häufig sehr ernsthafte Anliegen. Sie wollen wissen, was sie von Gott halten sollen. Sie wollen von den Erwachsenen erfahren, ob sie sich auf Gott verlassen können. Und je älter sie werden, desto mehr wollen sie auch verstehen, wie Gott und die Welt zusammen gehören. Manchmal sind ihre Fragen spielerisch, aber in vielen Fällen ist ihr Spiel durchaus ernst und trägt bei zur religiösen Bildung – zur Selbstbildung durch fragendes Erkunden, Suchen, Vorstellen und Entwerfen. Gerade bei der Frage nach Gott brauchen Kinder Raum für eigenes Suchen und Finden, für eigene Fragen und für eigene Antworten.

Es ist deshalb zu begrüßen, wenn Kinder nicht nur als kleine Philosophen, sondern auch als Theologen ernst genommen werden und wenn die Kraft ihrer Vorstellungen und Bilder anerkannt wird. Das Kind selbst bringt Gottesbilder hervor. Es schafft sie aus den Erfahrungen und Begegnungen mit Menschen und mit der Natur. Deshalb ist es wichtig, dass Kinder solche Gottesbilder und die darauf bezogenen Fragen offen und frei äußern können.

# Einleitung

Viel ist heute darüber zu hören, dass Kinder die Welt selbst entdecken sollen, und das gilt auch im Blick auf Gott. Aber folgt daraus, dass Kinder alles *allein* und *ohne Unterstützung* durch die Erwachsenen tun müssen? Dagegen spricht die pädagogische Erfahrung, dass Kinder ohne eine anregungsreiche Umwelt nur wenig entdecken. Und dagegen spricht weiterhin, dass manche der Gottesbilder, die Kinder mitbringen, keineswegs hilfreich und gut für das Kind sind. Auch heute sind die Vorstellungen von einem Überwachungsgott oder von einem Leistungs- und Strafgott keineswegs verschwunden. Deshalb brauchen die Kinder Anregungen – sie brauchen Geschichten, die zu denken und zu lernen geben, und sie brauchen Antworten, die ihr eigenes Suchen unterstützen, anstatt es durch eine fertige Auskunft zu beenden.

Die Frage nach Gott und der Glaube an Gott stehen im Zentrum der meisten Religionen. Für Kinder aus christlich geprägten Elternhäusern ist diese Frage genau so wichtig wie für die Kinder von Muslimen, Juden oder Hindus. Kann man dann sagen, dass am Ende doch alle an denselben Gott glauben? Diese Frage ist nicht leicht zu beantworten. Religionen unterscheiden sich darin, *wie* sie von Gott reden, und deshalb unterscheiden sich auch ihre Gottesbilder. Dass Gott in einem Kind Mensch geworden ist, das können nur Christen so sagen. Von Gottes Barmherzigkeit ist zwar in verschiedenen Religionen die Rede, aber was das bedeutet, hängt wiederum vom jeweiligen Gottesverständnis ab. Und doch verbindet die Frage nach Gott die Kinder miteinander.

Dass wir sorgfältig auch auf die Fragen der Kinder nach Gott hören, ist ein erstes Anlie-

gen dieses Buches. Aber Hören allein ist nicht genug. Kinder, so haben wir gesehen, brauchen auch Anregung und brauchen Antwort auf ihre Fragen, und dies fällt den Erwachsenen oft schwer. Dafür gibt es mehrere Gründe. Zunächst sind die Fragen der Kinder häufig so anspruchsvoll, dass sie selbst Theologieprofessoren zum Schweigen bringen. Auch die Theologie kann nicht einfach sagen, wie Gott eigentlich aussieht. Über Gott sind viele Bücher geschrieben worden. Im Grunde geht es in der gesamten Theologie um keine andere Frage als die, wie wir Gott angemessen verstehen können. Angesichts der Schwierigkeit, Kinderfragen zu beantworten, ist das Verstummen von Erwachsenen leicht verständlich. Wir haben aber auch gesehen, dass die Fragen der Kinder in aller Regel gar nicht nach einer abschließenden Auskunft verlangen, sondern dass die Kinder uns hier gleichsam einladen, sie bei ihrer Suche zu begleiten. Deshalb ist es beispielsweise kein Hindernis, wenn die Erwachsenen keine Auskunft geben können, weil sie ihrerseits so viele Fragen und Zweifel haben. Wer selbst nicht mit allen Fragen am Ende ist und schon alle Antworten besitzt, der kann auch viel offener dafür sein, die Kinder bei ihrer Suche zu begleiten.

Noch immer gibt es aber auch Erwachsene, die vom Glauben einfach nichts mehr wissen wollen, weil ihnen Gott in der Kindheit nur als Quelle des Zwangs und von Ängsten begegnet ist: »Gott sieht alles – und Gott bestraft alle Missetaten«, »Gott will, dass du ein gutes Kind bist«, »Gott erwartet, dass du im Leben erfolgreich bist«.

So oder so ähnlich ist Gott in der Vergangenheit vielen Kindern vorgestellt worden. Es ist gut, dass darüber heute offen – und kritisch – gesprochen wird. Und es ist auch zu begrüßen, dass eine solche verfehlte »religiöse« Erziehung offenbar immer seltener wird (auch wenn heute vielleicht schon wieder zu einseitig bloß vom »lieben Gott« gesprochen wird). Aus alldem kann aber nicht folgen, dass wir am besten von Gott schweigen. Für die Kinder ist Gott eine große geheimnisvolle Frage in ihrem Leben. Deshalb gehört diese Frage auch in den Kindergarten.

Manche Pädagogen schließlich setzen darauf, den Kindern den Gottesglauben ein-

fach so zu erklären wie auch andere Erscheinungen in der Welt. Die Antwort auf die Frage nach Gott fällt dann scheinbar leicht: »So haben sich die Menschen das halt vorgestellt«. Eine solche distanzierte Antwort geht aber an den Kindern vorbei. Ihre Fragen sind von existenzieller Natur, und deshalb brauchen sie Auskunft darüber, was Gott für die Erwachsenen bedeutet, mit denen sie leben, und was Gott für sie selber bedeuten kann.

Von Gott sprechen lernen ist ein wichtiger Teil von Bildung. Noch einen Schritt weiter führt das Reden mit Gott – das *zu* Gott Sprechen, in Dank und Bitte, im Gotteslob, aber auch im Zweifel und in der Frage an Gott. Für Kinder ist das oft selbstverständlich, anders als für die Erwachsenen, die auch hier von und mit Kindern lernen können.

## Zum Aufbau dieses Bandes

Die theologisch-pädagogische Konzeption der Reihe *Kinder brauchen Hoffnung – Religion im Alltag des Kindergartens* wurde in dem grundlegenden Band 1 beschrieben. Dieser Folgeband hat einen ähnlichen Aufbau, will aber zugleich stärker als die früheren Bände auch das Arbeiten mit dieser Konzeption in den Vordergrund rücken:

In der *Einleitung* werden im nächsten Abschnitt Informationen zur *Entwicklung des Gottesverständnisses im Kindesalter* geboten, insbesondere unter entwicklungspsychologischen Gesichtspunkten.

An den *Dimensionen* »Erzählen«, »Kunst und Kinderkultur«, »Gebet« sowie »Beziehungen« wird verdeutlicht, wie die Gottesfrage im Alltag des Kindergartens aufgenommen werden kann. Darüber hinaus gehen eigene Abschnitte auf schwierige Kinderfragen sowie auf die Begegnung der Religionen ein.

Im Teil *Nachdenken* werden weitere Fragen vertieft und werden Kinderbücher zum Thema vorgestellt und diskutiert.

# Wie Kinder sich Gott vorstellen: Zur Entwicklung des Gottesverständnisses im Kindesalter

**Friedrich Schweitzer**

Wenn Kinder nach Gott fragen, wenn sie wissen wollen, wie Gott aussieht, wo Gott wohnt oder was Gott eigentlich macht, wenn wir schlafen – dann fordern uns ihre Fragen an erster Stelle dazu heraus, uns auf ihre kindliche Vorstellungswelt einzulassen. Eine kindgemäße religiöse Erziehung oder Begleitung ist ohne Einsicht in die kindliche Entwicklung nicht möglich. Das gilt auch bei der Frage nach Gott. In diesem Kapitel sollen deshalb einige Grundinformationen zur Entwicklung des kindlichen Verständnisses von Gott gegeben werden.

## Gottesbild und Gottesverständnis

Wie können wir etwas darüber erfahren, wie Kinder sich Gott vorstellen? Häufig beziehen sich entsprechende Untersuchungen auf von Kindern gemalte Bilder von Gott, wie sie manchmal auch im Kindergarten entstehen. Wie auch die im vorliegenden Band abgebildeten Kinderzeichnungen belegen, sind solche Bilder nicht nur sehr eindrucksvoll, sondern bieten tatsächlich auch Einblick in die kindliche Vorstellungswelt. Mehr als bei allein sprachlichen Äußerungen teilen sich die Kinder in ihren Bildern durch Farben, Raumaufteilung, Größenverhältnisse usw. mit. Vielfach wird deshalb überhaupt von der Entwicklung des Gottesbildes im Kindesalter gesprochen, wie sie an solchen Kinderzeichnungen abzulesen ist.

Die von Kindern gemalten Bilder von Gott dürfen aber nicht einfach mit dem kindlichen Gottesverständnis insgesamt verwechselt werden. Schon Kinder wissen, dass ihre Bilder manchmal nur einen einzelnen Aspekt oder eine Seite Gottes darstellen. Manchmal bleiben ihre zeichnerischen Fähigkeiten hinter der Vielfalt der eigenen Vorstellungen und

Einleitung

Ideen zurück. Und schließlich gibt es auch wichtige Entwicklungen in der frühen Kindheit, lange bevor die Kinder malen können. Deshalb ist es wichtig, sich bei der Entwicklung des kindlichen Gottesverständnisses nicht allein auf die von Kindern gemalten Bilder zu beschränken.

Kann im Blick auf das Gottesverständnis überhaupt von einer Entwicklung gesprochen werden? Ist hier nicht alles von der religiösen Erziehung abhängig und also davon, welche Gottesvorstellungen im Kind von den Erwachsenen mitgeteilt werden? Wie auch in anderen Bereichen der kindlichen Entwicklung wäre es falsch, einen Gegensatz zwischen Entwicklung und Erziehung konstruieren zu wollen. Schon das Wort »Gott« begegnet den Kindern nur durch die Erziehung – es wird nicht einfach vom Kind erfunden; aber wie ein Kind dieses Wort versteht, das hängt doch immer vom kindlichen Entwicklungsstand ab. So sind alle Vorstellungen von Gott einerseits ganz von der Umwelt geprägt und von der individuellen Situation und Persönlichkeit des einzelnen Kindes. Andererseits sind sie in die kindliche Entwicklung eingebunden und weisen deshalb auch allgemeine Tendenzen auf. Wenn ich im Folgenden einige dieser allgemeinen Entwicklungstendenzen beschreibe, so soll dies dazu beitragen, dass wir die spezifisch kindliche Sicht in ihrer Unterschiedenheit von den Vorstellungen der Erwachsenen deutlicher beachten. Denn auch hier gilt: Kinder denken anders, sie haben ihre eigene Vorstellungswelt – und sie haben ein Recht darauf, dass wir uns darauf einlassen.

## Gottesvorstellungen verändern sich – auch schon im Kindesalter

Nach heutigem Verständnis kann man nicht einfach von *einem* Gottesbild des Kindes sprechen, sondern schon für das Kindesalter ist mit mehreren Entwicklungsschritten zu rechnen. Vereinfacht können wir von vier Etappen in dieser Entwicklung ausgehen:

*(1) Frühe Kindheit.* Die Anfänge der Entwicklung kindlicher Gottesvorstellungen liegen bereits in der frühesten Zeit, lange bevor das Kind sprechen kann. Besonders die frühe Wahrnehmung der Eltern als scheinbar allmächtigen Quellen von Zuwendung und Versorgung kann als psychologische Wurzel des Gottesbildes angesehen werden. Diese Wahrnehmung und Erfahrung der Eltern wird im Menschen zu einer bleibenden Sehnsucht nach einem größeren Gegenüber, das Schutz und Geborgenheit vermitteln kann.

Damit ist das sogenannte Grundvertrauen angesprochen, das vom Anfang des Lebens an ausgebildet werden muss. Vertrauen und Geborgenheit sind freilich nur die eine Seite. Dem Grundvertrauen steht, wie etwa der Psychoanalytiker Erik H. Erikson zu Recht sagt, stets ein Grundmisstrauen gegenüber, und ebenso bewegt sich die frühkindliche Erfahrung in der Spannung zwischen Geborgenheit und Verlassenwerden oder zwischen Angst und Hoffnung. Nur wenn wir beide Seiten dieser Erfahrung miteinbeziehen, werden wir der frühkindlichen Wurzel des Gottesbildes in ihrer durchaus nicht nur paradiesischen Bedeutung gewahr.

In dieser frühen Zeit sind Elternbild und Gottesbild allerdings noch nicht voneinander getrennt. Beides fällt zusammen. Eine ausdrückliche Gottesvorstellung gibt es noch nicht. Vorhanden sind jedoch idealisierte Elternbilder mit Eigenschaften, die dann später auf eine bewusste Gottesvorstellung übertragen werden. Dabei spielt nicht nur, wie früher angenommen wurde, das Vorbild des Vaters eine Rolle, sondern auch die Erfahrungen mit der Mutter gehen in das Gottesbild ein. Es scheint sogar so zu sein, dass die Mutter vielfach überhaupt das erste Gegenüber ist, an dem das Gottesbild seine Gestalt gewinnt.

*(2) Kindergartenalter.* Ab welchem Alter eine bewusste Unterscheidung zwischen Gottesbild und Elternbild vom Kind vollzogen wird, ist eine schwierige Frage. Auf jeden Fall ist diese Unterscheidung das Ergebnis eines längeren Prozesses und tritt etwa zwischen dem vierten und sechsten Lebensjahr erstmals auf. Auch dann steht das Gottesbild dem Elternbild noch sehr nahe, stellt nun aber doch eine zunehmend eigenständige Größe dar.

Von seiner Gestalt und seinem Inhalt her ist das Gottesbild in dieser Zeit stark von der freien Fantasie des Kindes bestimmt. Besonders in dieser Zeit sind Kinder auch in religiöser Hinsicht zu enorm kreativen Leistungen fähig, die allerdings aus der Erwachsenenperspektive oft kaum nachvollziehbar sind. Den Erwachsenen kommt der von Kindern beschriebene Gott manchmal aber wie ein Super-Man vor, der eben alles kann.

Wichtig ist auch der Zusammenhang zwischen Gottesvorstellungen und kindlicher Gewissensbildung. Ab etwa dem fünften Lebensjahr tritt das Gewissen als eine innere Instanz in Erscheinung. Gebote und Verbote werden von nun an auch innerlich – als »innere Stimme« – erfahren. Die zeitliche Nähe zwischen der Unterscheidung von Gottesbild und Elternbild auf der einen und der Entwicklung des Gewissens auf der anderen Seite macht verständlich, warum das Kind in dieser Zeit für die Vorstellung eines Gottes, der alles sieht und der alles bestraft, so empfänglich ist. In der Vergangenheit und in seltenen Fällen auch heute noch haben sich Eltern und Erzieher diese Empfänglichkeit zu Nutze gemacht und dem Kind drohend erklärt, dass den wachsamen Augen Gottes nichts entgehe, was das Kind tut. So entstehen »dämonische Gottesbilder« (K. Frielingsdorf). Die Kindheitsberichte von Tilmann Moser und Jutta Richter sind sprechende Beispiele dafür, wie nachhaltig Kinder durch solche Gottesbilder verfolgt werden können. Es kann aber nicht davon ausgegangen werden, dass Ängste vor einem strafenden Gott allein auf eine solche Erziehung zurückzuführen sind. Offenbar können in dieser Zeit auch von der kindlichen

Entwicklung selbst her problematische, das Kind belastende Vorstellungen entstehen, ohne dass etwa die Eltern solche Vorstellungen unterstützt hätten. Auch wo keine religiös überhöhte Gehorsamserziehung stattfindet, müssen frühkindliche Bilder und Erwartungen später durch andere Vorstellungen und Einsichten weitergeführt, korrigiert und zum Teil abgelöst werden.

Wenn die psychologischen Wurzeln des kindlichen Gottesbildes in früher Kindheit zu suchen sind und damit in der vorsprachlichen Zeit, dann stellt schon die Versprachlichung solcher Erfahrungen eine wichtige Entwicklungsaufgabe im Kindergartenalter dar. Dazu müssen den Kindern geeignete Ausdrucksformen angeboten werden – etwa in Form von (biblischen) Geschichten. Wo ein solches Angebot fehlt, bleiben die frühkindlichen Erfahrungen von der Kommunikation ausgeschlossen und können auch nicht weiterentwickelt oder, wo notwendig, korrigiert und ergänzt werden.

*(3) Spätes Kindergartenalter/Grundschulzeit:* In dieser Zeit gewinnen mythologische Weltbilder und anthropomorphe Gottesvorstellungen zunehmend an Einfluss. Gott wird dann in menschlicher Gestalt und mit Wohnung im Himmel vorgestellt. Solche Weltbilder entsprechen dem bereits fortgeschrittenen Versuch des Kindes, die im Laufe der Kindheit ausgebildeten und erworbenen Vorstellungen in eine umfassendere Ordnung zu bringen. Himmel und ggf. Hölle werden dabei zu konkreten Örtlichkeiten, die das Oben und Unten in einem geschlossenen Weltbild bezeichnen.

Aus dieser Zeit stammen zumeist auch die von Kindern gemalten Gottesbilder. Wenn man Kinder in diesem Alter auffordert, ein Bild von Gott zu malen, dann wird Gott zumeist »im Himmel« dargestellt. Der Himmel ist dabei oft der Raum über den Wolken oder zwischen den Wolken und der Sonne. Gott scheint in dieser Vorstellung tatsächlich »im Himmel« zu wohnen – nämlich »oben auf der Welt«, so wie ggf. der Teufel dann »unten«, »unter der Erde« lebt.

In welchem Verhältnis steht das Kind zu dem so vorgestellten Gott? Aus den psychologischen Untersuchungen von James W. Fowler, Fritz Oser u. a. wissen wir, dass das Kind hier von der Vorstellung einer Austauschbeziehung ausgeht. Gott verhält sich dann zu den Menschen so, wie sich die Menschen zu ihm verhalten (»Wie du mir, so ich dir«). In diesem Verständnis kommt zum Ausdruck, wie Kinder in dieser Zeit die Welt zu ordnen versuchen. Entscheidend ist für sie in vieler Hinsicht das Prinzip von Gleichheit oder Gleichbehandlung sowie eine Form von Gerechtigkeit, die sich an Fairness als Gleichbehandlung ausrichtet. Nach diesem Modell von Gerechtigkeit wird auch Gottes Handeln vorgestellt.

*(4) Weitere Entwicklung.* Noch im Grundschulalter und im Übergang zum Jugendalter kommen die Vorstellungen von Gott »im Himmel« wieder ins Wanken, zumindest bei manchen Kindern. Die Vorstellung eines Austauschverhältnisses zwischen Gott und Mensch wird den Kindern ebenso fraglich wie die Vorstellung von Gott »im Himmel«. Solche Vorstellungen werden zunehmend vom naturwissenschaftlichen Weltbild abgelöst – mit der Folge, dass Gott manchmal überhaupt unvorstellbar und der

Glaube an Gott fraglich wird. Der Abschied vom Kinderglauben betrifft auch die kindlichen Gottesbilder.

Nach heutigem Verständnis setzt sich die Entwicklung von Gottesbildern und -vorstellungen während des gesamten Lebens fort, auch im Jugend- und Erwachsenenalter. Das Gottesverständnis muss mit dem Fortschreiten des Lebens Schritt halten – sonst bleibt Gott zurück in der Kindheit wie ein abgenutztes Schmusetier, das einmal so unendlich wichtig war und später dann doch aufgegeben werden kann.

## ... und die Mädchen?

Die beschriebene Entwicklung bezeichnet einen allgemeinen Rahmen, der für Jungen und Mädchen ähnlich ist. Es gibt aber Hinweise darauf, dass innerhalb dieses Rahmens auch geschlechtsspezifische Unterschiede vorkommen, die allerdings noch nicht genügend untersucht sind. Häufig berichtet wird, dass Mädchen vergleichsweise stärker an einer Beziehung zu Gott, etwa als Freund, interessiert sind. Ob Mädchen sich Gott als Frau und ob Jungen sich Gott als Mann vorstellen, ist religionspsychologisch sehr umstritten.

## Gilt das nur für christlich erzogene Kinder?

Gottesvorstellungen sind immer auch Ausdruck und Folge der religiösen Erziehung. In manchen Religionen, besonders im Islam und

im Judentum, ist eine bildliche Darstellung Gottes verboten. Deshalb ist eigens zu fragen, ob das Gesagte auch für diese Kinder gilt.

Soweit entsprechende Untersuchungen verfügbar sind, zeigen muslimische Kinder die Wirkung des Bilderverbots. Sie lehnen es ab, Gott beispielsweise mit einer Zeichnung bildlich darzustellen. Deshalb sollten sie auch nicht dazu aufgefordert werden, entsprechende Bilder zu malen oder sich solche Bilder auch nur anzusehen. An die Stelle von Bildern tritt im Islam die kunstvolle Darstellung des Namens »Allah« in arabischen Schriftzeichen, die farbig gestaltet und verziert werden können.

Ähnliches gilt auch für jüdische Kinder, die sich Gott niemals bildhaft vorstellen sollen (vgl. 2 Mose 20,4). Wie der Psychologe Robert Coles berichtet, ist damit allerdings nicht immer ausgeschlossen, dass jüdische oder muslimische Kinder nicht doch solche Bilder in sich tragen.

Im Unterschied zu Islam und Judentum sind bildliche oder figürliche Darstellungen von Gott im Hinduismus sehr verbreitet. Besonders eindrücklich ist etwa der rote Elefantengott Ganesha.

Kinder, die keine ausdrücklich religiöse Erziehung erfahren, haben offenbar dennoch eine Vorstellung von Gott. Diese Vorstellung bleibt aber häufig unentwickelt, manchmal sogar noch im Jugendalter äußerst unreflektiert und naiv. Darin kann eine wichtige Begründung für religiöse Erziehung etwa in Ostdeutschland gesehen werden.

## Mit kindlichen Gottesvorstellungen umgehen – eine Herausforderung für die Erwachsenen

Im Umgang mit Kindern begegnen wir immer auch unserer eigenen Kindheit. Dies gilt vielleicht ganz besonders für die Gottesvorstellungen von Kindern, die uns an den eigenen Kinderglauben erinnern. Diese Wiederbegegnung ist nicht immer einfach. Die naiven Vorstellungen von Gott – bis hin zum alten Mann mit Bart –, die wir doch endlich und endgültig hinter uns gelassen haben, stehen plötzlich wieder vor uns. Müssen wir uns darauf jetzt wieder einlassen?

Der Abschied vom Kinderglauben fällt nicht immer leicht. Manchmal vollzieht er sich in einer konflikthaften Ablösung von elterlichen Vorgaben, oder er geschieht in der Spannung zwischen Glaube und Naturwissenschaft. Manche Eltern oder Erzieherinnen wollen den Kindern solche Konflikte lieber ersparen. Wäre es nicht besser, den Kindern gleich andere Vorstellungen zu geben, die auch später noch Bestand haben?

Bei solchen Fragen müssen wir uns deutlich machen, dass die kindlichen Gottesvorstellungen Bestandteil der Persönlichkeitsentwicklung sind, dass sie mit dem kindlichen Weltbild im Ganzen zusammenhängen und dass sie zudem den Bedürfnissen des Kindes im Blick auf Sicherheit, Orientierung, Trost und Hoffnung entsprechen. Das Gottesverständnis Erwachsener wird diesen Bedürfnissen nicht gerecht. Kinder haben ein Recht auf ihre eigenen – kindgemäßen – Gottesvorstellungen.

Ein angemessener Umgang mit kindlichen Gottesvorstellungen kann deshalb nur in einer behutsamen Begleitung bestehen. Dazu gehört, dass sich die Erwachsenen auch in dieser Hinsicht auf die Kinder einstellen und einlassen, was freilich nicht bedeutet, den Kindern etwas vorzugaukeln. Einerseits sollen und dürfen wir den Kindern ihre Vorstellungen nicht nehmen, andererseits sollten wir auch nicht so tun, als glaubten wir selbst an einen alten Mann mit Bart. So bleibt die religiöse Begleitung des Kindes eine Balanceleistung, bei der immer wieder neu abzuwägen ist, wo wir das Kind bestätigen und wo wir ihm – vorsichtig – neue Impulse geben müssen.

**Zum Weiterlesen:**

**Robert Coles,** Wird Gott naß, wenn es regnet? Die religiöse Bilderwelt der Kinder, Hamburg 1992.

**Friedrich Schweitzer,** Lebensgeschichte und Religion. Religiöse Entwicklung und Erziehung im Kindes- und Jugendalter, 4. Aufl., Gütersloh 1999.

**Friedrich Schweitzer,** Das Recht des Kindes auf Religion. Ermutigungen für Eltern und Erzieher, Gütersloh 2000.

# Von Gott erzählen

**Frieder Harz / Peter Siebel**

*»Die Welt der Geschichten enthält alles, was wir an geistiger Nahrung brauchen.«*
*(Hartmut von Hentig)*

## Erzählen – ein Beitrag zur Bildung von Kindern

Mit dem Erzählen der Geschichten von Gott und den Menschen leistet der Kindergarten einen wichtigen Beitrag zur Bildung von Kindern.

- Es eröffnet den Kindern die Möglichkeit zur Deutung der Welt.
- Es ist eine gestaltete Form der Erinnerung und stärkt die Erinnerungsfähigkeit.
- Es ist identitätsstiftend und somit ein wichtiger Schritt auf dem Weg der Selbst-Vergewisserung.
- Es zeigt den Kindern die Schätze unserer christlichen Überlieferung.
- Es ist eine Voraussetzung dafür, dass Kinder mit Schrift, Zeichen, Symbolen, Buchstaben in Berührung kommen und kommunizieren lernen.

## Achtsam sein auf die Geschichten der Kinder

*»Ich weiß nicht, wo Gott ist, aber wenn Er irgendwo ist, dann sieht Er alle Menschen, nicht nur diejenigen, die gerade auf dem Weg zur Kirche sind – das hoffe ich wenigstens. Vielleicht ist er auch nirgends, oder Er versteckt sich womöglich irgendwo und niemand kann ihn finden, bis Er sich von selbst zeigt.*

*Manchmal sehe ich nachts draußen Schatten, und ich denke, dass da vielleicht jemand ist, aber vielleicht ist es niemand, oder es könnte Gott sein oder ein Engel, im Schatten.«*
(berichtet von Robert Coles)

Kinder sind immer wieder faszinierende Erzählerinnen und Erzähler. Sie haben ihre eigenen, fantasievollen Bilder und Geschichten von Gott, von dem Leben und Sterben der Menschen, von der Welt. Sie sind Theologinnen und Theologen, nicht im Sinne wissenschaftlicher Theologie, aber in der Weise, wie sie religiöse Fragen stellen, konstruktiv mit ihnen umgehen und eigene Bilder, Anschauungen und Vorstellungen entwickeln.

*Zwei Kinder unterhalten sich:*
*»Weißt du, was aus den Menschen wird, die tot sind?«*
*»Die werden Engel!«*
*Ein Mädchen, das in der Nähe steht und nachdenklich zugehört hat, merkt plötzlich auf und mischt sich ein:*
*»Engel werden nur die Mädchen, die jungen werden Weihnachtsmänner!«*

Das Mädchen hat von Engeln und auch von Weihnachtsmännern gehört, die Art jedoch, wie sie die beiden überlieferten Bilder miteinander in Verbindung bringt, ist seine eigene fantasievolle und konstruktive Leistung.

Die Kommunikation zwischen mir und den Kindern lebt nicht nur davon, dass ich Erzählerin oder Erzähler bin, sondern dass ich auch die Rolle des Zuhörers und der Zuhörerin einnehme. Zuhören gibt dem Erzählen Raum und ermöglicht den Dialog.

Es sind oftmals alltägliche Situationen, die Kinder zum Erzählen von Gott anstoßen. Auf dem Tisch im Gruppenraum liegt ein großer roter Apfel. Jennifer sagt: »Da ist Gott drin!« Die Erzieherin überlegt und schaut Jennifer fragend an. Jennifer erzählt ihre Geschichte von dem Apfel, in dem sich Gott versteckt hat.

Eine Geschichte, die vorgelesen wird, kann Kinder zu eigenen Geschichten über Gott anregen.

*»Kathi denkt nach und denkt sich Bilder aus: Hätte Gott einen Mantel, so wäre der aus Sternen und Meer gemacht und mit Vögeln bestickt. Die Vögel, die könnten singen. Hätte Gott Füße wie wir, so würde er barfuß gehen, damit er den Sand zwischen den Zehen spürt, das kühle Moos auf den Steinen im Bach, den harten Beton. Er würde alles spüren und spüren wollen«.* (Lene Mayer-Skumanz)

Auch das Betrachten von Bildern bringt Kinder in Bewegung, von eigenen Vorstellungen und Erfahrungen zu erzählen. Eine anregende Grundlage dafür sind z.B. die Bilder von Annegret Fuchshuber in der »Kinderbibel« mit Erzählungen von Werner Laubi.

## Wenn Kinder etwas über Gott wissen wollen

Wenn Kinder etwas über Gott wissen wollen, dann geht es meist darum, wie man sich Gott vorstellen soll, wo Gott wohnt, wie Gott Kontakt zu den Menschen aufnimmt. Und weil es keine auf Dauer befriedigenden

Antworten auf solche Fragen gibt, brauchen Kinder immer wieder Impulse, die ihr Fragen nach Gottes Erscheinen und Wirken in unserer Welt lebendig halten. Das Nachdenken über sie lebt aus der Spannung zwischen konkreten Vorstellungen einerseits und dem Wissen andererseits, dass Gott für uns geheimnisvoll und unergründlich bleibt. Genau darum geht es auch in biblischen Geschichten.

Da ist zum einen die Erzählung von Gottes Erscheinen im brennenden Dornbusch (2 Mose 3). Gott zeigt sich im Licht und Feuer, aber Mose kann ihn nicht sehen – er zieht sein Gewand über den Kopf, um seine Augen zu schützen. Das eröffnet Raum zum Weiterdenken, inwiefern wohl Gott und Licht zusammengehören. Geheimnisvoll bleibt auch Gottes Rede an Mose. Sie ist zwar klar verständlich, enthält einen Auftrag an Mose, verbunden mit Zusagen, die ihm Mut machen – aber es bleibt doch rätselhaft, wie man Gott hören kann. War das eine Stimme von außen oder eine von innen? Kann man Gott in sich hören?

Nahrung für solche Gespräche über Gott gibt auch die Geschichte von Abrahams Aufbruch (1 Mose 12). Genau fassbar ist der Inhalt von Gottes Wort an Abraham. Die Botschaft weist Gott als verlässlichen Führer und Begleiter auf dem Weg in eine unbekannte Zukunft hinein aus – aber schwierig ist es auch hier mit der Vorstellung davon, wie Abraham Gott hören kann. Vielleicht lässt sich mit den Personen der biblischen Geschichte ein weiterführendes Gespräch erfinden: Wie ist es, nach innen zu horchen? Gibt es das, dass plötzlich ein Satz ganz große Bedeutung für einen gewinnt – so wie bei Abraham? Gott begegnet Menschen der Bibel auch im Traum. Wenn Jakob (1 Mose 28) die Himmelsleiter sieht, wird Gottes Erscheinen ganz konkret – aber es bleibt ein Traum mit all seinen Unwägbarkeiten.

Mit dem Erzählen dieser biblischen Geschichten samt den weiterführenden Gesprächen gewinnt eine wichtige Einsicht Raum: Gott begegnet Menschen inmitten ihrer Wirklichkeit – aber zugleich auf geheimnisvolle Weise, die keine Festlegung auf ganz bestimmte Vorstellungen zulässt. Die Botschaft Gottes ist klar formuliert, aber sie gewinnt ihre Wirkung nur durch die Hörenden selbst, die diesen Worten Vertrauen schenken.

## Geschichten des Lebens

Neben dem Erzählen biblischer Geschichten hat das Selber-Erzählen einen besonderen Wert.

Ich werde als Person mit meiner Biografie, meinen Erfahrungen, meinen Gedanken und Bildern von Gott und der Welt erkennbar. Ich gebe mich mit dem zu erkennen, was ich liebe, was ich verabscheue, was ich als wertvoll erachte, was mich bewegt.

# Ausgewählte Dimensionen

»Wir üben uns im Glauben ein, indem wir weitererzählen, was wir glauben. Und wir geben Leben weiter, indem wir die Geschichten des Lebens weitergeben.«
(Fulbert Steffensky)

Ich habe meine eigenen Geschichten in den unterschiedlichsten Situationen und meinen unterschiedlichen Lebensphasen erlebt, und sicherlich sind auch Geschichten dabei, die ich mit Gott verbinde. Geschichten von Freude, Erwartung, Glück, aber auch Geschichten, in denen die Frag-Würdigkeit, das Fragmentarische meines Lebens zur Sprache kommt. Sie erzählen, welche Antworten ich für mein Leben gefunden habe und wie ich mit noch offen gebliebenen Fragen lebe.

Geschichten über meine Erfahrungen mit Gott und meinem Glauben. Geschichten, die von dem erzählen, was mich tröstet, hält und trägt. Was mir Mut zum Leben gibt und Kraft, die nötigen Schritte zu gehen. Geschichten, die für mein Leben eine besondere Bedeutung hatten oder haben, die mir wichtig sind und die ich liebe.

## Lieblingsgeschichten

In vielen Geschichten der Bibel sagen Menschen im Auftrag Gottes und mit besonderer Autorität die Botschaften von Gott weiter. Die Hauptfiguren solcher Erzählungen aber sind die Empfänger von Gottes Botschaft. Aus ihrer Sicht wird erzählt: wie sie durch diese Botschaft beschenkt wurden, wie sie neue Perspektiven für ihr Leben gewannen.

Lieblingsgeschichten entstehen, wenn man in den Hauptpersonen viel von eigenen Erfah-

rungen wieder findet, von Befürchtungen und Enttäuschungen, aber auch Überraschungen, Wendungen zum Guten, Hoffnungen für die Zukunft. Diese Merkmale treffen auch auf die alttestamentliche Geschichte zu, in der der junge David vom Propheten Samuel zum künftigen König Israels gesalbt wird (1 Samuel 16). Welche Akzentsetzungen sind beim Nacherzählen solcher Gottesgeschichten besonders wichtig?

- Zum einen ist es die Wahl der Identitätsfigur. In der Bibel ist es der Prophet – mit ihm stünden wir wieder vor der Frage, wie er wohl Gottes Auftrag hören konnte. Uns aber geht es um den Empfänger der Botschaft, darum wird David die Hauptperson in der Geschichte.
- Was ist das Mut Machende der Botschaft? Der »Kleine«, mit dem sich die Kinder gerne identifizieren, ist nicht länger der Unbeachtete, der immer nur im Schatten der Großen steht und von ihnen nicht ernst genommen wird. Ihm gilt der Besuch des Gottesboten, ihm wird ein sehr bedeutender Auftrag übermittelt. Die erzählerische Fantasie kann sich darauf richten, wie er diese Botschaft genießt, wie sie ihm gut tut, ihm Ansehen gibt.
- Geheimnisvoll bleiben die Gestalt des Samuel und die Zeichen, mit denen er der Botschaft Gewicht gibt. Er öffnet ein Gefäß mit Salböl und streicht David das Öl über den Kopf. Dessen Wirkung aber kann anschaulich erzählt werden: Es duftet gut, wärmt und kräftigt, erfüllt David mit Wohlbehagen. Das gibt der Botschaft von Gott ganzheitlichen Nachdruck.
- Wo beginnt eigentlich die Geschichte? Nicht erst in der Begegnung der beiden, sondern schon vorher. Auch wenn in der Bibel nichts davon steht – die vorangegan-

gene Geringachtung des Kleinen braucht ihren Raum. Wieder ist die erzählerische Fantasie gefragt: Vielleicht spürt David die aufgeregte Stimmung im Ort, die Samuels Besuch auslöst, bekommt aber keine Auskunft auf seine Fragen. Vielleicht findet er sich voller Erwartung zum Empfang des hohen Gastes ein – und wird stattdessen weggeschickt, um die Schafe zu hüten.
- Wichtig ist, dass alle erzählerische Veranschaulichung die Botschaft unterstreicht: Mit dir hat Gott viel vor! Du wirst einmal dein Volk aus großer Not befreien! Gott wird dir die Kraft dazu geben!

In dieselbe Richtung weisen die neutestamentlichen Heilungsgeschichten, in denen sich Jesus Menschen am Rande der gesellschaftlichen Aufmerksamkeit zuwendet. Anschaulich gilt es die Gesten der Zuwendung zu erzählen, in denen Jesus seinen Gegenübern eine neue Zukunft eröffnet: Nähe, Berührung, Anteilnahme, Zuneigung; dann das Mut Machende, das von ihm ausgeht, Erleichterung, Freude, Lebenskraft; und schließlich auch die Vorgeschichte der Kranken und Bedürftigen vor ihrer Begegnung mit Jesus. Wunderbar ist an diesen Geschichten, wie die Botschaft von Gott viel bewirkt, das ganze Leben zum Guten hin verändert.

## Biblische Erzählungen von der Wertschätzung anderer Religionen

In der Bibel gibt es eine Weise des Umgangs mit den Vertretern anderer Religionen, in

der viel Respekt gegenüber anderen Völkern und ihren Religionen zu spüren ist. Schon in 1 Mose 12 klingt das an: Abraham soll zu einem Segen für alle Völker auf Erden werden – Israel soll sie nicht überheblich und von oben herab betrachten. Eine Episode im Jona-Buch im Alten Testament führt diese Haltung erzählerisch aus: Als der Sturm aufkommt und das Schiff bedroht, rufen die Seeleute ihre Götter an und fordern Jona auf, zu seinem Gott zu beten. Respekt vor dem ihnen fremden Gott des Jona bestimmt ihr Handeln. Und als sie von Jonas Geschichte erfahren, erschrecken sie und erkennen die besondere Macht dieses Gottes an. Als sie dann in ihrer Ausweglosigkeit Jona über Bord werfen, beten sie eindringlich zu dem ihnen unbekannten Gott und bitten ihn um sein Wohlwollen. Bewusst wurde diese Geschichte damals als Spiegel für die eigene Haltung eingesetzt: Die fremden Seeleute sind eben keine religiösen Barbaren, sondern sie zeigen eine angemessenere Haltung gegenüber Gott als Jona selbst.

Im Neuen Testament setzt sich diese Linie fort: In der Weihnachtsgeschichte des Matthäus (Matthäus 2) kommen heidnische Sterndeuter und Astrologen nach Jerusalem und fragen nach dem neugeborenen Königssohn. Sie, die Andersgläubigen, sind auf dem Weg zu ihm und nicht die jüdischen Schriftgelehrten. Und sie begegnen dem Kind in der Krippe. Auch der erwachsene Jesus blickt über den »Tellerrand« der eigenen Religionszugehörigkeit hinaus: Ein heidnischer Hauptmann (Matthäus 8) bittet Jesus um Hilfe, und der ist bereit, mit ihm zu gehen. Doch der Hauptmann antwortet: »Ich bin es nicht wert, dass du in mein Haus kommst. Sprich nur ein Wort, dann ist mein Knecht gesund!« Da sagt Jesus voll Erstaunen zu den Jüngern: »Solch einen Glauben habe ich bisher bei keinem in Israel gefunden.«

So warnen die Gottesgeschichten der Bibel auch vor Überheblichkeit, die den Glauben anderer gering schätzt. Es ist wichtig, dass Kinder auch in der Bibel selbst die Wertschätzung von Menschen anderer Religionen kennen lernen.

## Anlässe

Um in der Tageseinrichtung für Kinder von Gott zu erzählen, gibt es viele und unterschiedliche Anlässe:

– Eine Erzählung kann Reaktion auf Fragen der Kinder sein.
– Ereignisse im Jahreslauf, Feste im Kirchenjahr und die Feste anderer Religionen bringen ihre Erzählungen mit.
– Erzählungen können in Krisensituationen der »Seele Nahrung« geben, Kinder zum Leben ermutigen und stark machen.
– Biografische Ereignisse im Leben der Kinder (Taufe, Geburtstag usw.) sind Ausgangspunkte für Erzählungen.
– Unser Alltag und unsere Umwelt sind voller Hinweise auf biblische Erzählungen, z.B. Bilder und Worte der Werbung, Werke der Kunst, Filme, Skulpturen und Zitate auf Grabsteinen. Das Erzählen der zugehörigen Geschichten erinnert und vergegenwärtigt die Zusammenhänge.

– Die Begegnung mit Menschen anderer Kulturen und Religionen fordert zu Erzählungen heraus, die Achtung vor uns fremden Religionen und Kulturen einüben und Verständigung anbahnen.

## Geschichten zu besonderen Situationen

Die Botschaften der biblischen Gottesgeschichten antworten auf bestimmte Herausforderungen, denen die Kinder begegnen. Immer wieder müssen sie sich auf Situationen einlassen, die Vertrautes in Frage stellen. Unvorhersehbares macht Angst, etwa der Eintritt in die Kindertagesstätte oder der Beginn der Schulzeit. In solchen Situationen sind Vertrauensbotschaften wichtig, von Menschen und von Gott. Beim Nacherzählen kommt es darauf an, die Zusagen von Gott möglichst deutlich auf die Situation der Kinder hin zu formulieren. Da hört Abraham etwa Gottes Wort so: Hab keine Angst, wenn du jetzt fortziehen und deine Freunde zurücklassen musst. Ich bleibe dein Freund und begleite dich – als Auslegung der Worte »Geh in das Land, das ich dir zeigen werde« (1 Mose 12,1). In der Sturmstillungsgeschichte sagt Jesus (Markus 4, 40): »Warum seid ihr so furchtsam? Habt ihr noch keinen Glauben?« und zum Sturm: »Schweig und verstumme!« Das könnte für Kinder so heißen: Warum habt ihr denn so viel Angst? Ich bin doch da! Ich lasse euch doch nicht allein in eurer Not. Und ihr werdet sehen, dass Gott stärker ist als der Sturm und eure Angst!

Eine andere Lebenssituation ist die Suche nach Anerkennung, der wir bei der Geschichte von Davids Salbung schon begegnet sind. Zum Geburtstag passt so eine Geschichte besonders gut, oder wenn es um die Integration neuer Kinder in die Gruppe geht. Da tun Geschichten gut, deren Botschaften von Gott Anerkennung zusprechen. In der Kindersegnungsgeschichte (Markus 10,15f.) sagt Jesus, dass den Kindern das Reich Gottes gehört. Das gilt es im Erzählen auszulegen, etwa so: Was ich von Gott zu sagen habe, das könnt auch ihr schon ganz gut verstehen ... Gott mag Kinder und weiß genau, was alles in euch steckt ... Gott hat seine Freude an euch ... Und er sagt beim Segnen etwa: So wie ihr meine Hand spürt, so sollt ihr wissen, dass Gott immer für euch da ist! In der Geschichte von Zachäus (Lukas 19) steht: »Heute ist diesem Hause Heil widerfahren!« Das könnte heißen: Heute hat Gott diesem Menschen neu seine Freundschaft geschenkt ... Heute hat Zachäus erlebt, dass Gott ihn nicht allein lässt.

Wieder eine andere Situation sind Konflikte und die Aufgabe, nach dem Streit sich wieder die Hand zur Versöhnung zu reichen. In Geschichten von Gott kann deutlich werden: Gott trägt dazu bei, dass Versöhnung geschehen kann. Auch das sollte entsprechend erzählt werden, bei Zachäus etwa so: Gott hilft dir, auf die anderen zuzugehen und sie um Vergebung zu bitten ... In diesem Sinne können auch Gleichnisse als Gottesgeschichten

## Wenn Gott schweigt

Nicht immer ist es der liebe Gott, der uns in den Geschichten der Bibel begegnet. Wie soll man Geschichten erzählen, in denen gleichsam unter Gottes Augen Schlimmes geschieht? Das bekannteste Beispiel ist wohl die Sintflutgeschichte (1 Mose 7f.) Warum lässt Gott das geschehen? Warum hält er das Böse nicht auf? Die einfachste Antwort ist, dem Motiv des strafenden Gottes zu folgen: Weil die Menschen böse waren, müssen sie im Wasser untergehen. Schuld sind dann immer die beteiligten Menschen.

Die Bibel kennt aber auch einen anderen Zugang: Was Gott zulässt, bleibt unerklärlich, rätselhaft. Psalmen im Alten Testament erzählen von Menschen, die sich über ihre Not bitter bei Gott beklagen. Sie bekom-

erzählt werden: Im Gleichnis vom verlorenen Sohn (Lukas 15) sagt der heimgekehrte Sohn vielleicht so zum Vater: Als es mir so schlecht ging, da dachte ich oft, dass Gott nun auch nichts mehr von mir wissen will. Aber als du mich in die Arme genommen hast, da habe ich gespürt, dass auch Gott mich wieder mag.

men keine Antwort, die ihnen das Geschehen verständlich macht – aber sie spüren Signale der Zuwendung Gottes, die ihnen einen neuen Weg mit Gott eröffnen. Solche Erfahrungen helfen auch beim Erzählen der schwierigen Gottesgeschichten. Noah versteht nicht, warum Gott den großen Regen kommen lässt und beklagt sich bei Gott darüber. Vorwürfe an Gott ersetzen so die zu einfache und oft auch verhängnisvolle Deutung des Geschehens als Strafe Gottes. Kinder sollen auch einem rätselhaften, Enttäuschung erregenden Gott begegnen, aber keinem, der mit drohenden Strafen Angst einjagt. Und dann finden die Hauptpersonen in ihrer Niedergeschlagenheit neue Zeichen der Zuwendung Gottes, die ihnen eine gute Zukunft eröffnen: Noah und die Seinen werden in der Arche gerettet. Wege in die Zukunft tun sich auf. So sind auch solche Gottesgeschichten Wege, die aus der Angst herausführen.

**Zum Weiterlesen:**
**Hubertus Halbfas,** Die Bibel – erschlossen und kommentiert, Düsseldorf 2001.
**Daniela Both/Bela Bingel,** Was glaubst du denn? Eine spielerische Erlebnisreise durch die Welt der Religionen, Münster 2000.
**Frieder Harz,** Mit Kindern von Gott reden. Arbeitshilfe 6, Diakonisches Werk Nürnberg 1997.
**Annegret Fuchshuber/Werner Laubi,** Kinderbibel, Lahr 2000.
**Monika Tworuschka, Udo Tworuschka,** Die Weltreligionen – Kindern erklärt, Gütersloh 1999.

# Bilder von Gott zwischen Kunst und Kinderkultur

**Martin Schreiner**

Es gibt zwei verschiedene Möglichkeiten, sich mit Bildern von Gott im Kindergarten zu beschäftigen: mit Hilfe von Bildern aus Kunst und Kirche zum einen und zum andern auf der Grundlage von Bildern, die die Kinder selbst malen.

## Bilder aus Kunst und Kirche

Anlässlich von Gottesdiensten und der Besichtigung von Kirchen oder dem Besuch von Ausstellungen und Museen begegnen Kinder religiösen Bildern in vielfältiger Form: Gemälde, goldene Altarbilder, Intarsientafeln, großflächige Fresken und Deckenbilder, geschnitzte Szenerien. Die Bilder erzählen auf verschiedene Weise, wie sich Künstler Gott vorgestellt haben.

Es ist anzunehmen, dass die Begegnungen mit solchen Bildern aus dem kirchlichen Raum kindliche Gottesvorstellungen ebenso nachhaltig beeinflussen wie die Begegnungen mit Bildern aus der Kunst in Museen und Ausstellungen. Auf jeden Fall lohnt es sich, mit Kindern auch solche Bilder zu betrachten und mit ihnen darüber zu sprechen – nicht zuletzt, um zu hören, wie Kinder mit solchen Bildern umgehen.

Als Beispiel für entsprechende Bilder außerhalb des kirchlichen Bereichs sei Emil Noldes Gemälde »Der große Gärtner« genannt. Auffällig ist dabei die Verbindung der Gottesgestalt mit einem bärtigen, älteren Mann, der sich um seine Schöpfung kümmert.

Die Vertrauen und Geborgenheit weckenden Bilder von Gott als Schöpfer und Erhalter der Welt, wie wir sie aus der Geschichte von Kunst und Kirche kennen, stoßen heute auf unterschiedliche, z. T. verzerrende und erschreckende Gottesbilder in Texten, Musik und Filmen der *Kultur für Kinder*, z.B. in Bilderbüchern, Musikkassetten, Fern-

Ausgewählte Dimensionen

seh- und Videofilmen sowie Computer- und Bildschirmspielen. Es ist noch nicht geklärt, inwiefern der Umgang mit dieser oft kommerziellen Kultur die Gottesvorstellungen unserer Kinder prägt. Bereits Zweijährige haben einen durchschnittlichen Fernsehkonsum von 58 Minuten am Tag. Es ist nicht sicher, ob Bilder von Gott zwischen Pokémon und Teletubbies, Wickie und Tweenies, Maus und Pumuckl, Digimon und Jim Knopf wirklich eine große Rolle für das Gottesbild spielen. Auf jeden Fall ist es aber wichtig, auf solche Vorstellungen bei den Kindern zu achten und mit ihnen darüber zu sprechen. Denn am problematischsten sind die von der kommerziellen Kinderkultur gespeisten Bilder dann, wenn sie unbewusst und unkontrolliert das Bewusstsein von Kindern überformen. Umso bedeutsamer sind deshalb auch diejenigen Gottesbilder, die im Kindergarten gemeinsam in Liedern, Gebeten und Geschichten erschlossen werden Wichtig ist auf jeden Fall das Gespräch mit anderen über fremde und eigene Bilder. Erzählend wird das Beschreiben, Deuten und Verstehen möglich. Dadurch werden religiöse Bildungsprozesse angestoßen. Die Kinder können in Zustimmung oder Abgrenzung zu anderen Gottesbildern ihre eigenen entwickeln und ausdifferenzieren.

## Eigene Gottesbilder der Kinder

Der andere Weg, um sich mit kindlichen Gottesbildern auseinander zu setzen, ist das Gestalten eines eigenen Bildes, das heißt das Wahrnehmen und Verstehen der *Kultur der Kinder* – wie sie von den Kindern selbst hervorgebracht wird. Angeregt durch eigene Erfahrungen oder Erzählungen malen die Kinder immer wieder auch Bilder von Gott:

*Mit kräftigen bunten Wachsmalstiftstrichen gestaltet die vierjährige Amelie im Kindergarten* ihr Blatt weißes Papier. Sie will unbedingt ein Bild von Gott malen! Sorgfältig platziert sie zwischen die hellgrüne Erde und den blauen Himmel eine Fülle von Figuren und Symbolen. Eindeutig können Betrachtende im linken Bildteil das große Haus mit braunem Rahmen, dunkelblauer Vorderwand mit hellblauer Türe und zwei bunten Fenstern sowie einem braunen Kamin mit Rauchkringel erkennen. Daneben in der Bildmitte eine braune Fläche, aus der sechs große bunte Blumen emporwachsen. In dem rechten Bildteil umfasst ein brauner, nicht ganz geschlossener Kreis ein dickes blaues Kreuz mit jeweils einem kleineren grünen Kreuz links und rechts daneben. Der Innenraum dieses Objektes ist tiefrot ausgemalt, zum Teil über den Rand hinaus. Über dem Haus und über dem Kreis mit den drei Kreuzen schwebt jeweils ein gelber Sonnenstern mit rotem bzw. rotgrünem Figurkern. Im Zentrum des Bildes aber dominiert über den bunten Blumen ein großes, kraftvoll gestaltetes grünes Herz. Deutlich ist vor ihm beziehungsweise aus ihm heraus kommend eine personale Gestalt mit schemenhaftem freundlichen Gesicht, tiefrotem Haaransatz, dunkelblauen Augen, rosa Nase und schwarzem Bart sowie weißem Gewand sichtbar. Eine graue Wolkenkugel unterstreicht die nicht näher bestimmbare Verbindung dieser Gestalt mit dem grünen Herz.

Im Gespräch hinterher erzählt Amelie fröhlich, was sie sich bei diesem Bild gedacht hat. Sie wollte das Haus malen, in dem sie und ihre Mutter jetzt alleine wohnen. Rechts sei das Grab des Vaters, der vor über einem Jahr an Herzversagen gestorben ist. Über allem und mit allem verbunden aber sei Gott zu sehen, der alle lieb habe und für alle sorge – auch für ihren Vater im Grab und für ihren Großvater, der vor kurzem gestorben sei.

Eindrucksvoll eröffnen sich schon mit diesem einen Bild Zugänge zu Amelies Lebensgeschichte und zu ihren religiösen Vorstellungen. Offenbar glaubt sie trotz der herben Schicksalsschläge an einen liebenden Gott, der in positiver Verbindung mit allem Lebendigen und Toten steht. Auffällig spiegelt die Farbgebung diese Beobachtung wider: Das Dunkelrot des Kopfumrisses der Gottesgestalt findet sich besonders intensiv beim Grabmal wieder – dann auch noch in den Blumen, in den Fenstern und in den Sonnensternen.

So löst dieses Bild Gespräche und damit Bildungsprozesse aus, die auf das Gottesbild dieses Kindes bezogen sind. Auch weitere Bilder – gleichsam die Fortsetzung des Gesprächs durch Bilder – können dabei eine Rolle spielen. Auf Nachfrage malt Amelie in der Woche darauf nochmals ein neues Bild:

*In der Mitte des diesmal mit bunten Farbstiften gestalteten Bildes schwebt deutlich erkennbar eine personale Gestalt mit freundlichem Gesicht, einem langen schwarzen Bart und hellblauem Gewand. Die überlangen roten Haare geben der Gestalt wie ein Schutzdach einen oberen Rahmen. Auffällig ist die leuchtend gelbe Fläche neben dem Oberkörper der Gestalt. Unter der schwebenden Gestalt liegt auf dem Boden eine mit wenigen Strichen gezeichnete Person in einem bunten kastenähnlichen Gegenstand. Am Kopfende entsprießen bunte Blumen in Richtung eines angedeuteten Hauses mit einer Tür in der Bildmitte. Zwischen den*

*beiden personalen Gestalten sind mannigfaltige bunte Verbindungslinien gezeichnet, vor allem im linken Bildteil ausgehend von einem bunten Kreis. Mit starken Strichen sind rechts neben dem Kasten am rechten unteren Bildrand zwei wegeähnliche Flächen gestaltet. Das Bild vermittelt insgesamt eine große Dynamik!* Amelie fordert zudem noch ein zweites Blatt an. Hier führt sie die bunten Wegstriche weiter zu einem Haus mit bunter Türe und Fenstern, Kamin und Rauchkringeln.

Ihre Bilddeutung knüpft deutlich an Elemente des ersten Bildes an. Im Zentrum sei Gott mit einer »Jesuskette« und einem »Strahl«, der immer zu den Menschen auf die Erde gehe. Der Strahl sei in der Sonne. Er gehe zum Papa in den Sarg – »da nehm ich den goldenen

Stift, dann ist er in einem goldenen Sarg«. Am rechten Bildgrund – »da ist es dann ganz gelb« – gehe er wieder hinaus zu den Menschen, die im Haus seien, und weiter bis zum Himmel. Gott halte eine rote Schnur in der Hand und hole den Papa mittels der Schnur hoch in das kleine Haus und »später tut er ihn wieder runter ins Grab«.

Wieder werden durch die Bilder Einblicke in die »geheime Sprache« religiöser Vorstellungs- und Sinnwelten eines vierjährigen Kindes möglich. Die Bilder sprechen sichtbar in einer symbolischen Art und Weise über Erfahrungen, Geschehnisse und Deutungsmuster.

Kinderbilder von Gott können auch das interreligiöse Gespräch im Kindergarten ermöglichen. So berichtet etwa Johanna K. Wittmann (vgl. ihren Beitrag auf Seite 35ff.) von der Reaktion anderer Kinder auf Achmeds leeres Bild mit der Unterschrift »Allah ist groß und der Einzige, und Mohammed ist sein Prophet«:

*Die Kinder sind erstaunt, dass Achmed kein Bild gemalt hat. Katharina erklärt, dass »Menschen, die ihren Gott Allah nennen, und auch jüdische Menschen« keine Bilder von Gott malen, weil alle Bilder »nur ein bisschen was von ihm zeigen können.« Es ist ganz still im Zimmer. Tobias denkt nach. »Gott ist das Licht, lässt die Sonne scheinen und die Blumen wachsen. Im Wind und in der Wärme und in den Farben ist Gott. Und er ist ein leeres Blatt Papier. Ganz schön viel.«*

Kinderbilder von Gott eignen sich gut, um mit Kindern ins Gespräch über deren religiöse Erfahrungswelten zu kommen. Sie bringen – stets situationsbezogen – etwas von dem zum Ausdruck, was die betreffenden Kinder an inneren Bildern mit dem Wort »Gott« verbinden beziehungsweise in sich erzeugen. Die Kinderbilder sind allerdings nicht als einfache Abbilder der inneren Vorstellungen zu verstehen. Es sind Zeichnungen, die auch den entwicklungspsychologisch nachvollziehbaren Gestaltungsgesetzmäßigkeiten unterliegen. Sie sind an den Rahmen der jeweiligen Malschemata gebunden. Gleichwohl verhelfen sie zu einer verstärkten Wahrnehmung der kindlichen Religiosität. Sie bringen zur Anschauung, was durch begriffliche Fassungen nicht zu artikulieren ist. Kinderbilder von Gott wollen keine Gottesvorstellung fixieren. Sie relativieren sich auch gegenseitig und nehmen auf einander Einfluss.

Kinderbilder von Gott sind ein Weg, über die Sichtbarkeit des Unsichtbaren mit den Kindern ins Gespräch zu kommen. Die Fülle und Vielfalt der gemalten Gottesbilder, die die intuitiv-naiven Fantasien der Kinder widerspiegeln, verweisen nicht zuletzt darauf, dass es nicht das eine Gottesbild, den Glauben oder die Religion des Kindes gibt. Vielmehr bringt jedes Kind als Individuum und Subjekt seiner Religiosität sein eigenes Gottesbild hervor. Es erweitert damit das bunte Bilderbuch an Gottesbildern um eine neue Seite.

**Zum Weiterlesen:**
**Dietlind Fischer, Albrecht Schöll** (Hg.), Religiöse Vorstellungen bilden. Erkundungen zur Religion von Kindern über Bilder, Münster (Comenius-Institut) 2000.
**Gerd E. Schäfer**, Bildungsprozesse im Kindesalter. Selbstbildung, Erfahrung und Lernen in der frühen Kindheit, Weinheim 1995.

# Gott in anderen Religionen – mit Kindern?

**Johanna Wittmann**

*»Die Menschen sind ganz schön bunt«, meint Julia, und malt hingebungsvoll rote, gelbe, braune und grüne Kreise und Striche.*

Und so bunt wie die Menschen sind, so vielfältig sind ihre Geschichten, Rituale und Feste von ihrem Gott oder ihren Göttern. Auf Urlaubsreisen begegnen sie uns, vielleicht faszinieren sie uns auch, die Götter mit ihren Tempeln aus vergangenen Zeiten. Zeus und Athene etwa, Diana von Ephesus, Isis in Ägypten, Kultstätten von Gottheiten, deren Namen niemand mehr kennt, in Europa und in der weiten Welt. Manitu, der »Große Geist« der Indianer in Ausprägung durch Karl May, begleitet seit Generationen die Kindheit. In einer durch Medien und rasante Fortbewegungsmittel klein gewordenen Welt begegnen uns Shiva und Shakti, Buddha, Vishnu, Fruchtbarkeitsgöttinnen, Allah und viele Namen mehr, die eine Gottheit repräsentieren. Und auch die christliche Religion bietet eine große Vielfalt in ihren Konfessionen und Kirchen. Die Gebäude, die Kirchen und Dome, vor allem in ihrer Innenausstattung, verbunden mit den gottesdienstlichen Ritualen von russisch orthodox bis protestantisch reformiert malen ein durchaus sehr unterschiedliches Verständnis und so auch Bild von Gott.

*»Wer ist eigentlich der Vater von Jesus, Josef oder Gott?«, fragt Tobias.*

Gott in anderen Religionen – mit Kindern? Ja, wo anfangen, wenn schon die eigene Religion so viele Fragen nach Gott aufwirft und Ängste, sie nicht richtig beantworten zu können?

## Ausgewählte Dimensionen

### Anknüpfen am Vorfindbaren

Doch nicht nur in der weiten Welt finden sich andere Religionen mit ihrem Gott.

Vor unserer Haustür ist diese Welt. Unter uns leben Menschen, unter anderem mit jüdischem, islamischem, hinduistischem und buddhistischem Glauben. Es gibt in unseren Städten und Gemeinden Moscheen und Synagogen und buddhistische Zentren, Gebäude, in denen Menschen ihren Glauben leben und zelebrieren.

### Gott in anderen Religionen – mit Kindern?

Wenn wir es ernst nehmen, Mädchen und Jungen in ihrer Zeit, mit ihrem Erleben wahrzunehmen und zu begleiten, dann kann der Bereich »Gott in anderen Religionen« nicht außen vor bleiben. Auch und vor allem nicht, wenn der Grund darin liegt, Kinder vor der Kompliziertheit der Welt zu schonen.

Die Unsicherheit besteht bei den Erwachsenen hinsichtlich der Vielgestalt der angebotenen Wahrheit und darin, was es bedeutet, die Monopolstellung einer Religion, nämlich der eigenen, aufzugeben. Kinder sind zunächst einmal interessiert und neugierig auf die Phänomene, die sie umgeben und die sie erleben.

Eine religiöse Bildung kann nicht die Entwicklung zu einer multireligiösen und auch zum Teil nicht religiösen Gesellschaft unberücksichtigt lassen. In der Tageseinrichtung für Kinder bildet sich unsere Gesellschaft ab, wenn sie sich nicht abgeschottet hat in einer Art »Gegenwelt«. Und damit ist auch das Phänomen »Gott in anderen Religionen« immer schon mit dabei durch die Kinder, ihre Familien und die Kultur, die sie mitbringen, wie auch andere philosophische Entwürfe, die Sinn stiften und Lebenshaltungen begründen wollen.

Deshalb: Gott in anderen Religionen – mit Kindern!

Es ist die Frage des Wie, nicht eine Frage des Ob. Es geht darum, anzuknüpfen an dem, was Mädchen und Jungen an Religion mitbringen, ihr Interesse und ihre Neugier aufzugreifen, sich im Gespräch mit ihnen auf den Weg zu machen.

### Feste und Rituale

*»Heute haben wir der Gülay ihr Fest mitgefeiert!«*

Eine Religion inszeniert sich und ihr Verständnis von Gott, der Schöpfung und des Menschen, von Leben und Tod, Anfang und Ende in ihren Festen und Ritualen, und erzählt davon in ihren heiligen Schriften bzw. Geschichten.

Ausgewählte Dimensionen

*Tahas Mutter gestaltete mit uns ein kleines Fest im Kindergarten anlässlich des Fastenbrechens am Ende des Fastenmonats Ramadan.*

*Alle Stühle und Tische wurden weggeräumt und ein großes Tischtuch mit Decken als Sitzgelegenheiten ausgebreitet. Dann stellte Tahas Mutter ihren selbst gebackenen Grieskuchen, Kokoskonfekt und die Sirup getränkten Köstlichkeiten, die sie in einem arabischen Laden gekauft hatte, auf das Tischtuch.*

*Nachdem alle Kinder ihre Schuhe ausgezogen und die Hände gewaschen hatten, zeigte uns Tahas Mutter die Gebetshaltung im Islam und erzählte von diesem Fest. In der Moschee wird gebetet, und anschließend essen alle aus einer Schüssel. Also teilten wir die Süßigkeiten so auf dass immer drei Kinder von einem Teller essen konnten. Bevor wir aßen, sprach Tahas Mutter ein Gebet.*

*Wir wünschten Taha alles Gute zum Zuckerfest und uns einen guten Appetit.*

Nun kann es bei einer religiösen Bildung, die die multireligiöse Entwicklung unserer Gesellschaft im Blick hat, nicht darum gehen, dass Erzieherinnen zu Lehrerinnen der anderen Religionen werden und mit und für Mädchen und Jungen islamische oder auch jüdische Feste gestalten. Dies wäre zum einen eine Überforderung, zum anderen auch eine Grenzüberschreitung gegenüber den anderen Religionen. Feste der anderen Religionen mitzufeiern wird nur in der Rolle des Gastes möglich sein (Frieder Harz): Die andere Religion ist Gastgeberin, die islamischen Eltern etwa laden die Kindergruppe zu einem ihrer Feste ein, oder im Kindergarten findet mit den islamischen Eltern als Gastgebern dieses Fest statt.

Es geht nicht darum, Kindern möglichst viele religiöse Erlebnismöglichkeiten zu schaffen neben der eigenen Religion, sondern ein gegenseitiges Verstehen und Respektieren der Vorstellungen von Gott der jeweils anderen Religion zu fördern. Und ein Forum anzubieten, wo Verbindendes und Trennendes, Vertrautes und Fremdes miteinander sein kann.

## Erzählen

Die Religionen feiern mit den Festen ihre Glaubensinhalte. Ein jedes Fest ist mit Ritualen und Geschichten verbunden. Sie erzählen von Gott und den Erfahrungen mit dem Göttlichen.

Mädchen und Jungen kommen in Berührung mit den Festen der Kinder anderer Religionen im Kindergarten oder im Stadtteil. »Wie ist das denn bei euch? Feiert ihr auch Weihnachten? Gibt es so jemanden wie den Nikolaus? ...«

Kinder und Eltern zu ermutigen, von den Ritualen, Bräuchen und Geschichten der eigenen Religion zu erzählen, kann ein Anfang sein für das gemeinsame Gespräch. Erzählen geht über Erklären hinaus. Im Erzählen verbindet sich die Überlieferung mit der Lebensgeschichte des Erzählenden. Dabei wird immer ein Stück von sich selbst weitergegeben, in der Art, wie erzählt wird, was Betonung findet und hervorgehoben wird.

Menschen, die sich erzählen, begegnen sich, zeigen etwas von sich. Dabei kann das Unterschiedliche auch unterschiedlich, auch fremd bleiben, und doch bekommt es ein Gesicht im Gegenüber der Erzählenden. »So ist das bei uns.«

## Nachdenken

*»Achmed sagt, Gott heißt Allah? Und von ihm gibt es keine Bilder. Warum?«*

*»Die Menschen, die ihren Gott Allah nennen, wie Achmed und seine Eltern und auch jüdische Menschen, malen keine Bilder von Gott. Sie glauben, dass Gott so groß, so heilig und so vielfältig ist, dass es ganz unmöglich ist, ihn in einem Bild darzustellen. Immer würde etwas fehlen, so viele Bilder auch gemalt werden würden.«*

*»Gott ist rot, weil mir rot so gut gefällt.« (Max)*

In der Auseinandersetzung mit verschiedenen Vorstellungen und Bildern von Gott in anderen Religionen, aber auch in der eigenen, klären Mädchen und Jungen ihr Verständnis von Gott. Unterschiedliche Gottesvorstellungen kennen zu lernen bewahrt vor einer Festlegung eines »Gottesbildes«, das weitere Entwicklungen verhindert.

*»Gott ist ein Mädchen. Er wohnt im Himmel. Viele Vögel fliegen um ihn herum.« (Katharina)*

Ein Dialog kann den einseitigen und zumeist männlich festgelegten Gottesbildern unserer eigenen Religion entgegenwirken, sodass Freiräume entstehen, die eigene Tradition mit neuen Augen zu sehen und mit neuen Ohren zu hören.

*»Ich glaube, Josef ist der Vater von Jesus und Gott der Großvater – so glaube ich das.«*

Tobias beantwortete sich so seine eigene Frage. Es ist dies das Ergebnis seines Nachdenkens. Bis zu neuen Entdeckungen und Erkenntnissen in der Auseinandersetzung mit Gott und Gottesvorstellungen wird diese Antwort zunächst für eine gewisse Zeit genügen.

## Beziehungen

Wenn wir uns mit Kindern Gott in anderen Religionen oder dem Gott, den Göttern anderer Religionen nähern, dann ist das ein gemeinsamer Entdeckungsweg. Auf diesem Weg werden Informationen gesammelt, Exkursionen gemacht zu Moscheen, Synagogen, Tempeln und Friedhöfen. Menschen unterschiedlicher Kulturen und Religionen begegnen sich und erzählen von sich und ihrem Leben und Glauben. Es entstehen Beziehungen.

Erwachsene müssen Kindern auf diesem Weg an Wissen über die anderen Religionen nichts voraushaben. Gemeinsam können die Kenntnisse erweitert werden.

Die Begegnung und Auseinandersetzung mit anderen Religionen kann auch ein Weg der Vergewisserung im eigenen Glauben werden, nämlich zu entdecken und zu formulieren, was mir als Erwachsenem Hoffnung und Sinn gibt. Und dies mit den Mädchen und Jungen zu teilen.

**Zum Weiterlesen:**
**Ahmad von Denffer,** Islam für Kinder, Aachen 1983.
**B. Marchon, J.-F. Kieffer,** Gibt's bei euch auch Weihnachten? Die Weltreligionen – für Kinder erklärt, Stuttgart 1994.
**Hartwig Berger** u. a., Von Ramadan bis Aschermittwoch, Weinheim/Basel 1989.
**Johanna K. Wittmann,** Gott ist hinten, Zürich 1996 (Bilderbuch).

# Im Kindergarten zu Gott beten?

**Ulrike Uhlig**

*Ein Kindergarten wird aus kommunaler in evangelische Trägerschaft übernommen. Einige Eltern sträuben sich gegen christliche Inhalte und dabei besonders gegen das Beten. Die Verantwortlichen der Kirchgemeinde und das Team sagen den Eltern zu, alle Inhalte mit ihnen gemeinsam abzusprechen und vorerst nicht mit den Kindern zu beten. Es wird aber auch gesagt, dass es einige Kinder aus ihren Familien kennen und ein Weg für alle gesucht werden soll.*

*Die Eltern feiern die Feste mit, hören von den christlichen Inhalten und Liedern. Es entsteht ein freundlicher Kontakt auch zu den distanzierten Eltern. Etwa nach einem Jahr, Kinder kommen neu in den Kindergarten, entsteht ein Gespräch über den Beginn beim Mittagessen. Ein Kind sagt: Wir beten zu Hause. Die Erzieherin fragt: Willst du es mit uns tun? Das Kind spricht ein Tischgebet. Daraus entwickeln sich unterschiedliche Anfänge bei den Mahlzeiten. Auch von den Eltern wird Einverständnis signalisiert.*

Beten im Kindergarten wirft Fragen auf. Bin ich bereit, meine eigene Praxis zu reflektieren? Immerhin berührt es ein sehr persönliches und intimes Tun. Was ist Kindern und Eltern zuzumuten? Wie kann Beten als Hilfe im Leben und als Teil eines sinnerfüllten Lebens für Kinder und Erwachsene bedeutsam werden?

Vielleicht helfen die nachfolgenden Beispiele aus dem Kindergarten-Alltag, den Fragen nachzuspüren und eigene Antworten zu finden.

## Beten – Beziehung zu Gott aufnehmen

Lieber Gott, ich danke dir, dass du bei mir bist, dass du alle Menschen liebst und mich nicht vergisst. Dass ich mit dir reden kann, und du hörst mir zu. Lieber Gott, ich freue mich, danke, danke du. (M. Schmidt)

*Die Kindergruppe und die Erzieherin halten sich im Gartengelände auf.*

*Ein Kind kommt angerannt. Schon von weitem ruft es der Erzieherin zu: »Hast du gesehen, ich kann ganz allein klettern!« Ein anderes Kind hockt am Boden, beobachtet einen Käfer und ruft nach einer langen Weile ihr zu: »Guck mal, wie der krabbelt!« Eng drückt sich ein Kind an die Erzieherin, greift nach ihrer Hand und manchmal ist ein leiser Seufzer zu hören. Sehnsüchtig schaut ein Kind immer wieder in Richtung Eingangstür und fragt: »Stimmt das auch? Holt mich Papi heute ab?«*

Kinder erzählen, fragen, jammern, klagen, hoffen, sinnen nach und tun das alles spontan, so, wie es ihnen ums Herz ist. Und Kinder nehmen intuitiv wahr, wie andere darauf reagieren. Hoffentlich hören sie nicht oft den Satz: »Ach, sei jetzt still!«

*Beziehung und Kommunikation sind eine wesentliche Grundlage für das Leben lernen.*

Wenn ich es möchte, hört einer zu.

Wenn ich meine Freude herausposaune, freut sich einer mit.

Wenn ich traurig bin und nicht weiß, was ich sagen soll, nimmt mich einer wahr.

Wenn mich niemand leiden kann, macht mir jemand Mut.

Wenn ich beschämt etwas verschweige, hat einer Geduld mit mir.

*Beziehung und Kommunikation sind eine wichtige Grundlage für das Beten lernen.*

Zwischenmenschliche Erfahrungen werden auf die Gottesbeziehung übertragen.

Und doch spüren kleine Kinder ohne unsere meist umständlichen Erklärungsversuche, dass das Hinwenden zu Gott das Zwischenmenschliche übersteigt. Sie lassen sich ein, fassen Zutrauen und sind bereit zu sagen: Gott, du, ich sage dir, was für mich wichtig ist.

Vielleicht ist es das, was wir Erwachsenen von Kindern lernen und mit ihnen neu versuchen können: Gott anzusprechen und eine neue Beziehung zu erfahren.

Auf diesem gemeinsamen Weg werden Kinder Fragen stellen.

*Ein Schulanfänger: Glaubst du an Gott?*
*Erwachsene: Ja, ich glaube an Gott.*
*Schulanfänger: Dann glaube ich auch.*
*Ein Kind zu seiner Patentante: Betest du auch, wenn ich nicht dabei bin?*

Von den Antworten, verbal gegeben oder am Verhalten abzuspüren, wird die Glaubwürdigkeit abhängen. Ich möchte an Gott glauben, aber manchmal ist es schwer. Oder: Mir fällt es schwer, Gott anzusprechen. Solche Bekenntnisse Kindern gegenüber auszusprechen ist oft nicht leicht, kann jedoch ein guter Ausgangspunkt für ein Gespräch werden.

Mit Kindern zu beten zeigt einen Weg auf, herauszufinden, was Gott für einen selbst bedeuten kann.

*Die Kinder setzen sich in die Teppichecke, um ihren Morgenkreis zu halten. Ein Junge berichtet von seinem Weg in den Kindergarten an diesem Morgen. Fast war es ein richtiger Unfall, die Polizei war da, die Mutter hatte Angst und er auch. Der Junge steht beim Sprechen auf, gestikuliert mit den Händen, und seinem Gesicht sieht man die Aufregung, aber auch die Befreiung, dass alles gut gegangen ist, an. Andere Kinder fallen ein und haben ähnlich Aufregendes und Schlimmes parat. Es wird turbulent.*

*Die Erzieherin zündet die große »Dank-Kerze« an und legt darum herum einige große und kleine Steine. In das turbulente Reden hinein spielt sie einige Tonfolgen auf ihrer Gitarre und gibt dem Jungen einen großen Stein in die Hand. Die Kinder werden ruhiger. Die Erzieherin beginnt zur Gitarre zu summen, andere stimmen ein.*

*Sie sagt: »Wir haben dir zugehört und sind froh, dass es gut ausgegangen ist. Das ist nicht immer so. Wir danken Gott dafür! Gebt den Stein vorsichtig von Hand zu Hand, wenn wir singen: Danke, danke sagen wir, Gott, wir danken dir.« Der Stein wandert herum und das letzte Kind legt ihn an die Kerze.*

## Beten – In Bewegung sein

Beten ist vital, mit dem Leben verbunden, Antwort auf Erfahrenes, Frage nach Zukünftigem. Beten braucht die Fülle der Ausdrucksformen, die unser Leben ausmachen: Gesten, Klang, Worte, Bilder, Musik und Tanz. Mit Kindern, denen das ganzheitliche Erleben und Ausdrücken zu Eigen ist, können auch Erwachsene Entdeckungen machen. Singen, Klatschen, einfache Bewegungs- und Tanzformen, freies Bewegen nach Musik, Verwenden von bunten Rhythmiktüchern oder Instrumenten, das Schauen auf Kerzen oder andere Symbole hilft, sich ganz hinzuwenden, nicht nur im Kopf nach Worten zu suchen.

Gott,
du breitest Frieden in mir aus,
*Hände vor der Brust kreuzen*
lass ihn wachsen aus mir heraus,
*Hände nach oben strecken*
du gibst meinen Füßen festen Stand,
*mit Füßen am Ort gehen*
du hältst mich sicher in der Hand.
*einander anfassen*
(mündlich überliefert)

*An einem warmen Sommertag spielen die Kinder auf einer Wiese. Tiere werden entdeckt und mit Lupen betrachtet, sie liegen im Gras und lauschen still den Geräuschen. Sie pflücken Blumen, heben alte Flaschen und Papier auf und bringen alles zum Müll. Bevor sie zurück in den*

## Ausgewählte Dimensionen

*Kindergarten gehen, singen sie mit viel Klatschen das Lied Sonne scheint ins Land hinein, lobet Gott!*

*In den darauf folgenden Tagen verbindet die Erzieherin das Erlebte mit den Aussagen aus Psalm 104. Sie benutzt dazu eine Übertragung, die das Verstehen erleichtert:*

*Lieber Gott, was du getan hast,
das ist sehr groß und schön.*

*Ich freue mich. Ich will dir danken.
Ich will dir Lieder singen.*

*Der Himmel ist so weit und schön.
Die Erde ist schön gemacht:
hohe Berge und tiefe Täler
und weites grünes Land.*

*Groß und weit und schön ist das Meer,
mit Schiffen und großen Fischen.
Und aus den Quellen kommt klares Wasser.
Da können die Tiere trinken.
Die Bäume sollen Blätter bekommen.
Dann bauen die Vögel ihr Nest.
Und Gras wächst. Die Kühe können fressen.
Und Korn wächst. Die Menschen haben Brot.*

*Überall findet man schöne Früchte:
Äpfel und Birnen und Trauben.*

*Der Mond ist da, die Sonne strahlt.
Die Menschen haben Arbeit.
Schön ist die Nacht. Und schön ist der Tag.
Alles ist gut, lieber Gott.*

*Ich will für dich singen. Ich will dich loben.
Ich danke dir, mein Gott.
(aus: Wir sind nicht allein. Hg. im Auftrag des Sekretariats des Bundes der Evangelischen Kirchen in der DDR von L. Dittmer u. a., Berlin 1981, S. 103)*

*Die Kinder gestalten »ihre« Wiese auf einem großen Wandfries und formulieren eigene Gebets-Sätze mit dem Refrain »Gott will ich loben, Gott will ich danken«.*

Viele Erlebnisse lassen sich so mit der Hinwendung zu Gott als Quelle des Lebens verbinden. Aber nicht nur Erfreuliches wird aufgenommen. Zerstörung, Vernichtung, Beschädigung von Leben wird auch von kleinen Kindern als Enttäuschung erlebt.

*Auf dem Spielgelände des Kindergartens gibt es einen Walnussbaum. Die Nüsse werden jedes Jahr gesammelt, getrocknet und zum Nikolaustag verteilt. Eines Tages im Herbst, die Nüsse sind noch grün, liegen Äste abgebrochen, Blätter und Nüsse heruntergeschlagen unten. Alle sind entsetzt und verärgert. Wer tut so etwas? Unser schöner Baum! Nach dem Aufräumen setzen die Kinder sich zusammen, um über dieses Ereignis zu sprechen. Andere Beispiele von Zerstörung werden erzählt. Vom großen Sturm, vom Hochwasser und vom Gift für die Schnecken und das Unkraut.*

*Die Erzieherin sagt: Leben ist bedroht. Manchmal ist es notwendig, etwas zu vernich-*

ten, damit andere gut leben können. Oft aber handeln Menschen unverantwortlich, machen es falsch. Das haben wir heute erlebt. Wir können es Gott klagen: Gott, du siehst, wie Leben von Menschen zerstört wird. Wir machen auch vieles falsch. Vergib es uns. Hilf uns, auf das Leben zu achten.

## Beten und Handeln

Beten hat Folgen. Aus dem Nachsinnen, aus dem aufeinander Hören und voreinander Aussprechen entstehen Handlungen und Haltungen. Kinder spüren genau, ob Reden und Tun übereinstimmen, ob es echt ist. Und sie übernehmen für ihr späteres Leben, was ihnen glaubwürdig erscheint. Der Zusammenhang von »Beten und Tun des Gerechten« (Dietrich Bonhoeffer) kann auch mit kleinen Kindern probiert werden.

*Ein Kind ist krank, es wird erzählt, wie es ihm geht, was der Arzt und die Eltern tun. In der Gruppe wird für das Kind gebetet. Dann überlegen sie. Was können wir tun? Sie beschließen, ein Bilderbuch zu malen und einen Brief dazu zu schicken.*

*Ein Kind schaukelt am Klettergerät und singt vor sich hin: Gott passt auf mich auf. Eine Frau, die im Kindergarten zu Besuch ist, hört zu und sagt: Und was machst du? Ich halte mich fest, sagt das Kind.*

*In der Zeit vor Ostern malen Kinder zu dem Thema: Das macht mich traurig. Sie legen die Bilder in ihrer Stille-Ecke zu einem Kreuz und singen das Lied: Herr, wir denken an dein Leiden.*

*Von einem Kind entstehen mehrere Bilder, und es sagt jedes Mal dazu: Ich will, dass kein Streit und Krieg ist! Die Erzieherin verspürt dahinter seine Angst, sein Leid. Ist es ein Hilfeschrei? Was kann ich tun? Sie wendet sich dem Kind intensiver zu.*

Es gibt Ereignisse und Zeiten im Zusammenleben mit Kindern, die sind schwer auszuhalten. Da verschlägt es einem die Sprache. Da steht die Frage nach Gott drängend im Raum. Selber damit klarzukommen und dann noch den Kindern eine Hilfe zu sein scheint kaum möglich. Beten in solchen Zeiten?

*Es ist ein schöner Sommertag. Die Kinder werden am Nachmittag abgeholt. Von einem sechsjährigen Mädchen kommt nicht wie sonst die Mutter, sondern die Oma. Sie wartet zögernd, bis alle Kinder weg sind, setzt sich mit dem Mädchen auf dem Schoß zur Erzieherin und sagt: Die Mutti ist ertrunken, im Bad, sie kommt nicht. Ich habe es vorhin erfahren. Fassungslos sitzen alle drei lange da.*

*Die Erzieherin bietet stockend ihre Hilfe an und begleitet Oma und Enkelin bis zur Straße. Morgen Früh bin ich da, sagt sie noch.*

## Ausgewählte Dimensionen

*Nach einer unruhigen Nacht sucht sie im Kindergarten das Gemeinschafts-Band. Ein langes Stoffband. Die Kinder haben zum Schuljahresbeginn sich selbst und schöne Erlebnisse aufgemalt. Dazu sangen sie: »Seht auf das Band und nehmt es alle in die Hand, Gott lädt euch ein, bleibt nicht allein.« (Wolfgang Longardt) Zum Morgenkreis entrollen die Kinder das Band, singen dazu, erinnern sich und wollen wieder etwas aufmalen. Schweren Herzens erzählt die Erzieherin, was geschehen ist, und fügt hinzu: Ich glaube, Gott lässt auch dabei niemand allein. Die Kinder malen auf das Band.*

### Beten als Ritual

Wiederkehrende Abläufe mit rituellen Handlungen gibt es im Kindergarten-Alltag viele. Es lohnt zu schauen, ob die Frage nach Gott in diesen Ritualen einen Platz findet.

In Abständen wird in biblischen Geschichten von Gott erzählt. Welche Bedeutung hat das für Erzählende und Zuhörer? Ein Gebet kann eine Antwort sein.

*Die Erzieherin hat beim Erzählen das kleinste Kind auf dem Schoß. Sie erzählt, wie Jesus die Kinder liebt. Sie streichelt das Kind sanft und sagt: Mama hat dich lieb. Papa hat dich lieb. Oma hat dich lieb. Ich hab dich lieb. Jesus sagt, Gott hat Mama, Papa, Oma, dich und mich, hat uns alle lieb. Danke, Gott.*

Für jedes Kind ist der Geburtstag ein wichtiges Ereignis. Wichtig sein, in der Mitte stehen! Auch wenn nicht vergessen werden soll, dass es einige Kinder anders empfinden, kann deutlich werden: Du bist Gott wichtig.

In vielen Kindergärten ist das gemeinsame Essen mehr, als nur satt zu werden. Es ist die

Möglichkeit, sich zu begegnen, sich zu unterhalten, eine Weile auch zusammen zu sitzen. Es stärkt die Gemeinschaft. Dabei hat das Tischgebet die Funktion, deutlich zu machen, wir haben viel Gutes miteinander und alles verdanken wir Gott.

Sich trennen, sich verabschieden und wieder begegnen, das sind wichtige Momente im Kinderleben, die bis ins Erwachsenenalter nachwirken. In solchen Phasen Kindern die Begleitung Gottes zusagen und sich selbst darunter stellen, kann Trost und Ermutigung sein.

## Noch einmal:
## Warum mit Kindern beten?

Von Gott, der sich Menschen zuwendet, erzählt bekommen, ist wichtig. Sich ihm zuwenden und ihn mit dem ganz persönlichen »du, Gott« ansprechen, ist ein Schritt zu einer eigenen Beziehungserfahrung. Dieser Weg muss Kindern behutsam, ehrlich und mit allem Respekt vor anderen Meinungen eröffnet werden. Denn Beten kann:
– dazu ermutigen, im Leben oft gegen den Augenschein zu vertrauen, zu hoffen und zu handeln
– von dem Druck entlasten, alles allein bewältigen zu müssen
– Erfahrungen ermöglichen, sich über Lebenssinn und Lebensziel zu vergewissern.

**Zum Weiterlesen:**

**Frieder Harz,** Mit Kindern beten – Situation klären, Praxis gestalten, Diakonisches Werk Nürnberg, 1992.

**Wolfgang Longardt,** Ermutigung zum Glauben – Von und mit Kindern lernen, Freiburg 1988.

## Vertrauen gestalten:
### Gott in anderen Menschen begegnen

**Götz Doyé**

*»Viele Menschen glauben an Gott.
Sie halten sich an ihn. Sie lassen sich von ihm raten. Sie sind froh, dass er sie lieb hat. Sie sprechen mit Gott, sie beten.
Sie sagen: Er kennt mich, er kennt mein Leben.
Er kennt meine Gedanken, er achtet auch mich.
Er bringt mich auf einen guten Weg, Gott ist mir nahe.*

*Andere fragen: Wo ist denn Gott?
Wo kann ich ihn finden?
Ist Gott bei uns Menschen?
Eine Mutter hat ein Kind geboren.
Sie dankt Gott.
Kranken Menschen wird geholfen.
Sie danken Gott.
Hungrige Menschen bekommen zu essen.
Sie danken Gott.
Ja, Gott ist bei den Menschen.
Ein Mensch tröstet einen anderen Menschen.
Er denkt nicht nur an sich.
Da ist Gott.
Ein Mensch versöhnt sich mit seinem Feind.
Aller Streit ist vergessen.
Da ist Gott.«*

Dieser Text von Dietrich Steinwede kann den Kindern vorgelesen werden. Dann können Kinder zu einzelnen Szenen Bilder schaffen – oder es werden kleine Szenen gespielt, die die genannten Erfahrungen in das Leben der Kinder versetzen.

### Jesus – gelebtes Vertrauen

Kann man Gott begegnen? Der biblische Befund ist eindeutig: Menschen können Gott nicht direkt begegnen. Doch Juden und Christen bewahren in den Schriften, die im ersten Teil unserer Bibel stehen, die Erinnerung an Menschen, die in besonderer Weise einen Zugang zu Gott hatten, die Propheten. Sie hörten und verstanden Gottes Willen. Sie gaben ihn weiter. Sie sagten »So spricht Gott« oder »Wort Gottes«. Die Menschen begegneten in ihnen Gott als Wort, das ihnen gesagt wurde. Die Botschaft war klar: Wenn ihr mich lieben wollt, dann auch euren Nächsten. In den Schwachen, Bedrückten, Fremden und Menschen in Not könnt ihr mir begegnen. Wenn ihr euch um Gerechtigkeit und Frieden kümmert, seid ihr mir nahe. Propheten warnen sogar vor Gottes Zorn, wenn Menschen durch ihren Egoismus, ihr Gewinnstreben, ihre Machtbesessenheit und Untreue es anderen schwer machen, Gott als liebendem, barmherzigem und gütigem Gott zu begegnen.

Die Zuwendung zum anderen beruht also nicht einfach auf Sympathie, sondern sie holt ihre Kraft aus der Erfahrung, dass Gott uns in dem anderen Menschen begegnen will. Das soziale Engagement, die Solidarität mit den Bedürftigen, die Aufmerksamkeit für andere neben mir, das sind Kennzeichen christlicher Lebensgestaltung. Das ist ein »vernünftiger Gottesdienst« im Alltag (Röm 12). Nicht nur im Gebet, im Gottesdienst, in der Meditation, in den Gottes- und Jesusgeschichten ist Gottesbegegnung möglich. Vor allem in den Menschen, die sich einander annehmen, in dem Vertrauen, in der Liebe, in der Hilfe, die Hoffnung stiftet – Gott will uns im anderen Menschen begegnen.

Diese persönliche Gottesbeziehung, wie wir Christen sie exemplarisch an Jesus wahrnehmen, ist anderen Religionen eher fremd. So kennt auch der Islam keine so unmittelbare persönliche Gottesbeziehung. Allah ist für Muslime eher das oberste, alles umfassende Göttliche. Das Vertrauen auf Allah bestimmt zwar auch das ganze Leben der Muslime, deren Alltag nach den Gesetzen des Islam geregelt ist, aber es gibt nicht die persönliche Beziehung des Einzelnen zu seinem Gott. Ein Mensch wie Hiob, der mit Gott streitet und hadert, der mit Gott ringt und sich mit ihm auseinander setzt, ist dem Islam fremd.

Viele der Jesusgeschichten erzählen, dass Menschen in der Begegnung mit Jesus zu einem neuen Vertrauen zu Gott gefunden haben. Als Konsequenz änderte sich etliches in ihrem Leben. Menschen lernen wieder zu hören, sie finden wieder Sprache, sie richten sich auf und können eigenständig gehen, sie verzeihen einander usw. Sie erleben sich wie neu, Lebenskraft durchströmt sie. Deswegen können wir Gott in anderen Menschen begegnen. Vertrauen zu gestalten und zu erfahren ermöglicht es Kindern, eine eigene Gottesbeziehung aufzubauen. In anderen Menschen können sie erleben: Gott ist mir nahe. Wenn wir den Kindergartenalltag unter dieser Perspektive durchsehen, zeigen sich vielfache Möglichkeiten, von denen im Folgenden einige ausgeführt werden.

## Vertrauen schaffen

Das betrifft die Gesamtatmosphäre, das Miteinander, die Möglichkeiten der Beteiligung von Kindern. Dazu ist schon viel geschrieben, in Fortbildung gearbeitet, in Projekten erkundet worden. So soll hier nur noch einmal daran erinnert werden. Dazu gehören der Gruß am Morgen, die Gelegenheiten im Tag, einander zuzuhören (individuell oder in den regelmäßigen Gruppengesprächen in der Gesprächsecke), sich Anteil zu geben am Erleben, die Auseinandersetzung mit frohen oder traurig machenden Erfahrungen, die Entwicklung einer Streitkultur, auch die Verlässlichkeit des pädagogischen Personals – und vieles mehr. Die Pflege der Elternkontakte nicht zu vergessen: Kita als Ort der Gespräche, der gewährten Nähe und solidarischen Hilfe.

Bewährt hat es sich, dass sich Kitas in der Nachbarschaft bzw. der Region Tage des Austausches gönnen: Wie macht ihr das, wie geht es euch damit, wer hat eine Lösung gefunden für ein Problem? Sich Anteil geben an der eigenen Praxis hilft, Vertrauen zu wagen.

## Jesusgeschichten erzählen

Wenn Menschen Jesus nach Gott fragten, erzählte er ihnen Geschichten. *Mit dem Himmel ist es so wie ...* So war es konsequent, wenn später dann auch Menschen von Jesus Geschichten erzählen. *Als Jesus unterwegs in das Dorf kam, da traf er eine verkrümmte Frau ...*

Die Erfahrung der Menschen mit Jesus – *So ist Gott* – wird weitergetragen in den Jesusgeschichten. Auch hier braucht nur erinnert zu werden, was zur pädagogischen Qualifikation gehört. Geschichten erzählen kann methodisch vielfältig sein (vgl. den ersten Band dieser Reihe: Kinder brauchen Hoffnung): Geschichten hören, malen, gestalten, spielen. Kinder leben in den Geschichten und machen sich das Lob derer zu Eigen, denen geholfen wurde: Sie loben Gott für seine Liebe.

Im Team kann darüber gesprochen werden, welche der Geschichten sich gut eignen: etliche der »Wundergeschichten«, Menschen finden ihre Sprache wieder, die Ohren werden aufgetan usw. (vgl. auch das Kapitel »Von Gott erzählen« auf S. 18ff.).

## Lebensgeschichten teilen

Projekte, die Kinder mit Bewohnern eines Seniorenheimes zu einer »Begegnungsstunde« zusammenführten, haben erstaunlich positive Resonanz gefunden, und dies nicht nur bei den älteren Teilnehmerinnen. Inzwischen gehören solche Begegnungsprojekte der Generationen zum festen Bestandteil vieler Kitas. Für die hier eingenommene Perspektive meint das: Die Älteren erzählen den Kindern von ihren Gottes-Beziehungen. Erfahrungen mit Gott in einem wechselvollen Leben können mitgeteilt werden. Da gibt es manches zu erzählen, meistens gibt es auch Fotos, die anschaulich werden lassen, was erzählt wird. Das werden Situationen der Ratlosigkeit, der Sorgen ebenso sein wie die der Überraschungen und Freude. Gebetserfahrungen wie zweifelnde Fragen – personal vermittelt, ermöglicht sich Teilhabe an Glaubenserfahrungen. Je nach der konkreten Situation kann es gut sein, mit wenigen Kindern zu einer Frau, zu einem Mann zu gehen, natürlich nach Vorbereitung und in freier Entscheidung. Oder die ganze Gruppe kommt zu Besuch, es wird zusammen etwas gegessen, gespielt, und dann bilden sich kleine Erzählgrüppchen. Vielleicht wissen auch Angehörige manches zu berichten: »Wenn Oma nicht so einen Glauben gehabt hätte, sie wäre sicher manchmal verzweifelt.« Mit Kindern über den eigenen Glauben zu sprechen wäre auch gut, damit Kinder ihre eigenen Fragen stellen können. Sie können bei der Gelegenheit auch von ihrer Gottesbeziehung sprechen. So ergeben sich echte Gespräche im Miteinander.

Es ist nicht ausgeschlossen, mit Kindern auch an einer Beerdigung teilzunehmen. Die Gottesfragen von Kindern berühren ganz selbstverständlich den Tod (vgl. den Band in der vorliegenden Reihe: Musst du auch sterben? Kinder begegnen dem Tod). Wenn etwa eine Frau oder ein Mann, die an den Begegnungen mit den Kindern teilgenommen haben, stirbt, wäre es möglich, mit einigen der Kinder auch die Angehörigen auf den Friedhof zu begleiten, zur Beisetzung oder danach. Natürlich ist das vorher mit den Eltern zu besprechen, vielleicht begleitet eine Mutter die Gruppe.

Von gleicher Bedeutung, aber einfacher zu bewältigen ist die gemeinsame Vorbereitung einer Tauffeier im Gottesdienst – besonders wenn ein Kind aus der Einrichtung getauft wird. Es ist aber auch möglich bei jeder anderen Kindertaufe in der Gemeinde. Kern der Taufe ist das neu gestiftete Gottesverhältnis des Kindes, sprachlich gefasst in Sätze wie: »Gott liebt dieses Kind.«

»Gott kennt Max beim Namen.« »Wie sich Vater und Mutter um das Kind sorgen, so auch Gott.« Tauflieder und Agenden für Kindergottesdienste geben Sprachhilfen. Gott begegnen im Tun der Gemeinde – das Tauffest in der Kita nimmt die Freude auf und macht uns sicher, dass auch wir von Gott gehalten werden.

## Von Menschen und ihrem Leben – Lebensbilder erinnern

Es gibt Menschen, die in besonderer Weise ihr Leben meistern, die für andere Vorbild sind und von denen man sich noch nach Generationen erzählt: Gott begegnen in besonderen Menschen.

Die katholische Tradition nennt sie Heilige. Ihre Legenden gehen in unser Gemüt. Gott verstehen mit dem Herzen, dazu können diese Lebensbilder beitragen. Wir sollten keine falsche Scheu haben, von den Frauen oder Männern zu erzählen, die in besonderen Umständen ihres Lebens Gottesboten für andere waren. Dass Kinder Geschichten lieben, muss eigentlich nicht noch einmal gesagt werden. In ihnen werden sie hineingenommen in eine Gottesbeziehung derjenigen, von denen wir erzählen. Auch auf eine ökumenische und interreligiöse Dimension sei hier verwiesen. Viele der Geschichten sind möglich.

Hier müssen die Erzieherinnen auch ihren eigenen Vorlieben nachgehen. Eine eigene Betroffenheit macht es leichter und überzeugender, Lebensbilder entstehen zu lassen, mit Worten, mit Bildern, mit Bewegungen, mit Tüchern usw.

### Einander beistehen

Wir sind es, durch die Menschen ihr Vertrauen auf Gott stärken, durch uns bekommen Kinder Mut, erfahren Vertrauen und konkrete Hilfe. Diakonie ist ein weites und ergiebiges Feld, unsere Perspektive mit Leben zu erfüllen. »Schwester, Sie sind ein Engel« – oder: Der barmherzige Samariter ist unter uns tätig. Es geht darum, dem Zusammenhang von Gottesliebe und Nächstenliebe nachzuspüren, den beiden »höchsten« Geboten, in denen alles zusammengefasst ist.

Eine Ideenbörse im Team oder in der Region bringt viele Ideen zusammen – z.B. Aktionen in den Festzeiten der Kirche, Besuche machen, mit der Krankenpflege mitgehen, Kinder im Krankenhaus besuchen, Bilder im Schaufenster der Apotheke aushängen, Mittagstisch auf Rädern begleiten, Blutspendeaktion wahrnehmen (einmal reinschauen), einen Krankenwagen von innen kennen lernen, Kontakt zu Diakonieeinrichtungen, Rollstuhlfahrer begleiten und so weiter. Spannend wird sein, auf welche Ideen die Kinder noch kommen.

## Vertrauen ist lebenserhaltend

Unsere Alltagserfahrungen bestätigen uns, was Fachleute über das Aufwachsen von Kindern herausgefunden haben: Vertrauenserfahrungen gehören zu den lebensnotwendigen Grunderfahrungen von Kindern. Vertrauen hilft, sich auf die Welt einzulassen, sie selbstständig und zunehmend selbstbewusst zu erkunden und für sich einen Sinn in und hinter den Dingen zu erkennen. Vertrauen ist das Band, Beziehungen eingehen zu können, sich anderen anzuvertrauen, mit ihnen zu fühlen, Verantwortung zu übernehmen – kurz: ein Mensch zu sein.

Das Nachdenken über die religiöse Erziehung hat gezeigt: Kinder können leichter ein Gottvertrauen aufbauen, wenn sie die Erfahrung menschlichen Vertrauens machen können. Vertrauensbeziehungen mit Kindern und zwischen Kindern aufzubauen gehört nicht nur zu den pädagogischen Grundqualifikationen aller, die in Kindertagesstätten arbeiten. Es beschreibt auch eine konkrete Auswirkung eines christlichen Menschenbildes. Zum christlichen Selbstverständnis gehört auch, dass ein Mensch nicht ein für alle Mal festgelegt ist auf seine Entwicklung, sondern offen ist für Veränderungen. Vertrauen wagen meint daher nicht ein sentimentales Gefühl, sondern eine, manchmal auch anstrengende, sehr praktische Alltagsgestaltung unserer Einrichtungen. Sie ist offen dafür, dass Kinder und ihre Eltern eine Beziehung zu Gott gewinnen können.

**Zum Weiterlesen:**
**Frieder Harz,** Mit Kindern von Gott reden. Vorstellungen. Fragen. Entwicklungen. Diakonisches Werk Nürnberg 1997.

# Schwierige Kinderfragen beantworten

**Martin Küsell**

*»Gott hat doch die Welt geschaffen?«*
*»Ja.«*
*»Gott hat die Bäume gemacht, die Wiesen, die Kühe, die Häuser, die Autos ...«*
*» ...«*

Dieser kleine Dialog mit einer Vierjährigen zeigt die Schwierigkeiten, die Erwachsene mit den Fragen der Kinder nach Gott haben können. Die Frage: »Gott hat doch die Welt geschaffen?« lässt sich noch mit einem klaren »Ja« beantworten. Dass Gott alles gemacht hat, was das Kind gerade vom Fenster aus sieht, kann aber nicht ebenso eindeutig bestätigt werden. Denn zumindest die Häuser und die Autos werden von Menschen gebaut. Das weiß im Grunde auch das Kind und würde es in anderen Zusammenhängen so benennen. Genauso wenig aber kann die Aufzählung des Kindes mit einem »Nein« zurückgewiesen werden. Denn wenn Gott die Welt geschaffen hat, kann alles, was Menschen herstellen, letztlich auf ihn zurückgeführt werden. Viele Vorschläge zum Erntedankfest beschreiten diesen Weg. Die Antwort wird also ausführlicher sein müssen, z.B.: »Gott hat die Welt so geschaffen, dass die Menschen Ton finden. Aus dem werden die Ziegel hergestellt, und mit denen können dann Häuser gebaut werden.« Und die Antwort kann Anlass zu weiteren Fragen und einem längeren Gespräch sein: Wo endet das Tun Gottes in seiner Schöpfung, und wo beginnt das Tun des Menschen? Wo endet die Verantwortung Gottes für seine Schöpfung, und wo beginnt die des Menschen? Hat Gott auch die Überschwemmungen gemacht oder hat er sie gewollt?

Das sind Fragen, die zum Nachdenken zwingen und gewohnte Antworten in Frage stellen.

Das ist mühsamer als ein klares Ja oder Nein, und darum werden die Fragen als

Ausgewählte Dimensionen

schwierig empfunden. Sie bieten aber auch die Chance, Neues zu entdecken. Wer sich zusammen mit den Kindern auf die Suche macht, wird erfahren, dass die Großen den Kleinen oft gar nicht so weit voraus sind, wenn es um Antworten auf die Fragen nach Gott und der Welt geht. Andererseits sind die Kleinen sehr kreativ und finden auch ungewöhnliche, oft überraschende Antworten.

Das Beispiel macht auch deutlich, dass es bei den Fragen – nicht nur der Kinder – nach Gott und den möglichen Antworten um persönliche Überzeugungen geht und nicht um objektive Tatsachen. Schon das »Ja« auf die Frage der Vierjährigen, ob Gott die Welt erschaffen habe, ist kein sachlich eindeutiges Ja; es kommt vielmehr einem Bekenntnis nahe: »Ja, ich glaube, dass Gott die Welt geschaffen hat; für mich ist es kein Zufall, dass es die Erde und dich und mich gibt.« Das lässt sich nicht beweisen, und es gibt Menschen, die anderer Überzeugung sind. Die Aussage »Gott gibt es nicht« scheint auf den ersten Blick sogar eindeutiger zu sein. Sie lässt sich aber genauso wenig beweisen wie die Überzeugung, dass es Gott gibt. Mit der Aussage »Gott gibt es nicht« werden die Fragen nach Gottes Handeln, seinem Aussehen oder Wohnort denn auch nicht beantwortet, sondern nur abgeblockt. Das Kind bleibt ratlos zurück und merkt vielleicht, dass es besser nicht nach Gott fragt. Derartige Erfahrungen lassen sich vermeiden, wenn die Fragen der Kinder gehört und ihre Vorstellungen ernst genommen werden. Sie müssen Gelegenheit haben, ihre eigenen Antworten zu finden. Dabei brauchen sie die Erwachsenen mit ihrer Lebenserfahrung als Gesprächspartner. Darum ist das gemeinsame Gespräch wichtiger als das Wechselspiel von Fragen der Kinder und Antworten der Erwachsenen.

## Die Fragen der Kinder sind schwierig, weil den Erwachsenen die Antwort schwer fällt

Wenn Kinder fragen, dann sind sie im besten Sinn neugierig. Sie wollen etwas verstehen und suchen nach Erklärungen. Auch dann, wenn sie immer wieder »Warum?« fragen, tun sie es, um den Dingen auf den Grund zu gehen. Sie haben nicht die Absicht, Erwachsene in die Enge zu treiben, außer es geschieht als Spiel. Mit der gleichen Unbefangenheit und dem gleichen Wissensdrang, mit dem Kinder nach den sichtbaren Dingen fragen, fragen sie auch nach Gott. Das kann bei den Gefragten Befangenheit auslösen und sie unsicher werden lassen, denn sie bewegen sich nicht mehr auf dem Gebiet der gesicherten Antworten; die ließen sich ja beschaffen.

Schwierig ist also nicht die Frage, sondern die Antwort. Sich dessen bewusst zu werden, löst die Probleme nicht, aber es rückt die Perspektive zurecht. Es hilft, die Kinder mit ihren Fragen ernst zu nehmen und anzunehmen.

## Die Fragen der Kinder sind vielfach auch die Fragen der Erwachsenen

Wenn Kinder nach Gott fragen, dann bringen sie Erwachsene dazu, über die eigenen Einstellungen nachzudenken. Dabei kann es geschehen, dass die Kinder Fragen stellen, denen die Erwachsenen bisher ausgewichen sind, z.B. der nach dem Leid oder nach dem Tod. Manchmal brechen auch Fragen auf, die längst erledigt schienen. Mit den Kindern stellen sie sich neu. Und manchmal begegnen in den Fragen der Kinder diejenigen der eigenen Kindheit. Sie liegt zwar weit zurück, bleibt aber Teil der eigenen Person.

Wenn die Kinder nach Gott fragen, dann sind Erwachsene also mit ihrer ganzen Person und mit ihren Überzeugungen gefordert. Das kann mühsam sein; aber die Kinder brauchen die Antworten. »Sie haben ein Recht darauf zu erfahren, wer wir selber sind und was wir als Lebensoption verfolgen. Ohne unsere eigene Kenntlichkeit können Kinder sich nicht kenntlich werden. Sie sollen erfahren, welche Geschichten wir lieben und welche Lieder wir singen. Es gibt eine sanfte Art, Kinder verkommen zu lassen, nämlich indem wir uns weigern, ihnen Lehrer und Lehrerinnen zu sein. Sie müssen unsere Lehre ja nicht annehmen. Aber sie müssen wenigstens etwas haben, wovon sie sich verabschieden können.« (Fulbert Steffensky) Und bevor Kinder eine Lehre übernehmen oder verwerfen können, müssen sie sich orientieren. Dabei brauchen sie Hilfe.

## Kinder denken anders und verstehen anders als Erwachsene

Wenn Kinder nach Gott fragen, dann wollen sie oft wissen, wie Gott aussieht, wo er wohnt und was er tut. Mit ihren Fragen und Vorstellungen orientieren sie sich an dem, was sie kennen, auch an Personen, die sie kennen. Darum hat Gott eine menschliche Gestalt, und meistens werden auch menschliche Bedürfnisse auf ihn übertragen: Er muss etwas anziehen, er muss essen und schlafen. Darum braucht er auch eine Wohnung oder wenigstens einen Ort, an dem er lokalisiert werden kann. Oder Kinder fragen: »Tut es Gott eigentlich weh, wenn er sich selbst haut? Tut sein Kopf auch weh, wenn er niest?« Dieses von John Hull beschriebene Kind stellt sich Gott ganz menschlich vor und ahnt gleichzeitig, dass diese Vorstellungen Gott nicht ganz gerecht werden. Auch hier greifen Kinder auf Bekanntes zurück. In dem Beispiel stellt sich das Mädchen Gott wahrscheinlich als einen Handwerker vor, der die Welt baut, so wie Menschen bauen. Andere Kinder benutzen das Bild vom Zauberer, der ja auch mehr kann, als Menschen möglich ist.

Natürlich wissen Kinder, dass man Gott nicht sehen kann. Aber in ihrer Vorstellung muss er Gestalt annehmen, sonst können sie Gott nicht in ihr Bild von der Welt und in ihr Leben aufnehmen. Natürlich kann Gott »überall« und »bei allen Menschen« sein. Aber was für Erwachsene hier bewusst unbestimmt ausgedrückt wird, werden Kinder anschaulich machen. »Überall« kann dann heißen: »Gott ist im Tisch. Er ist im Teddybären. Er ist in Papa ...« Und damit es anschaulich bleibt, werden Kopf, Arme und Beine Gottes auf die Gegenstände und Personen verteilt; sind es viele, dann bleibt vielleicht nur »ein Stück von Gott« übrig. Gott braucht auch ein Zuhause, einen festen Ort. Der Himmel über den Köpfen ist eine eindeutige Ortsbestimmung, er ist ein Schutz und gleichzeitig weit und offen.

Erwachsenen sind solche konkreten Vorstellungen in Bezug auf Gott oft fremd geworden. Im Laufe der Entwicklung des Menschen bricht sich das kritische Denken Bahn, und die konkreten Vorstellungen von Gott sind nicht mehr stimmig. Doch im Gespräch mit Kindern ist deren Vorstellungswelt der Maßstab. Der Vorsprung der Erwachsenen an Lebenserfahrung und Wissen sollte dazu genutzt werden, sich auf das einzulassen, was die Kinder äußern.

Wenn Kinder z.B. fragen: »Und wie meinst du, sieht Gott aus?«, dann soll die Antwort natürlich ehrlich sein. Sie sollte aber so gegeben werden, dass deutlich wird: Es gibt keine endgültigen Antworten, und darum können verschiedene Vorstellungen von Kindern und von Erwachsenen nebeneinander bestehen. Werden solche Antworten mit »Ich glaube ...« eingeleitet, sind sie als persönliche Überzeugung kenntlich. Problematisch wird es erst, wenn den Kindern vermittelt wird, die Vorstellungen der Erwachsenen seien richtig und ihre folglich falsch.

Anders als Erwachsene werden Kinder die Tatsache, dass man Gott einerseits nicht sehen kann, sie andererseits aber konkrete Vorstellungen haben, nicht als Widerspruch empfinden. Fantasie und Realität können für sie ineinander verwoben sein. Und sie können mühelos von der einen in die andere Welt wechseln. Je älter Kinder werden, desto stärker empfinden sie es als Spannung, dass Menschen Gott vertrauen, dass ihn aber niemand sehen kann. Hier kann der Vergleich mit Sonne und Wind helfen. Sie können auch von Kindern als Bilder verstanden werden. Die Sonne ist da, auch wenn sie hinter Wolken verborgen ist. Manchmal kann man selbst dann ihre Wärme spüren. Und wenn es die Sonne nicht gäbe, wäre es finster. Den Wind selber kann man zwar nicht sehen, aber seine Wirkung lässt sich beobachten und auf der Haut spüren.

### Mit der Frage nach Gott verbinden sich existenzielle Fragen

Wenn Kinder nach Gott fragen, dann geht es ihnen um ihre Beziehung zu Gott und nicht um ein abstraktes Prinzip. Schon die Frage »Wo komme ich her?« oder die nach dem Ursprung der Welt kann mehr beinhalten als das Interesse an naturwissenschaftlichen Zusammenhängen. Vielleicht sucht das Kind nach Vergewisserung darüber, ob es gewollt und angenommen ist und ob die Welt auch morgen noch so vorhanden sein wird, wie es sie an diesem Tag erlebt hat. Kinder erfahren auch dann Enttäuschung und Angst, wenn Eltern sich ihnen mit viel Liebe zuwenden.

Solche Erfahrungen lassen sich nicht vermeiden. Darum suchen Kinder Halt, der auch in solchen Situationen trägt. Wenn sich diese Suche in Fragen nach Gott äußert, dann sind sie ganz dicht an dem, worum es dem Glauben geht. Er ist eine Antwort auf die existenziellen Fragen der Menschen und will ihnen Halt geben. Der Glaube stärkt das Vertrauen in das Leben, weil Gott das Leben jedes Menschen will und dafür einsteht. Alle Theorie und alle Theologie kommen erst an zweiter Stelle. Sie sind der Versuch, diese Überzeugung in Worte zu fassen und ihre Bedeutung zu verstehen.

### Das Gespräch mit den Kindern ist wichtiger als eine vermeintlich richtige Antwort

Die Unsicherheit und die Angst, etwas Falsches zu sagen, kann dazu führen, dass lieber gar nichts gesagt wird. Oder es wird eine Antwort gegeben, die nicht der eigenen Überzeugung entspricht. Im einen Fall bleiben Kinder ohne Antwort, im anderen spüren sie vielleicht, dass die Antwort nicht ehrlich ist. Beides hilft ihnen nicht.

Auch wer unsicher ist, ob die eigenen Kenntnisse von Bibel und christlichem Glauben ausreichen, sollte sich darum nicht entmutigen lassen. Wie gesagt, geht es den Kindern in den meisten Fällen nicht um Sachwissen, sondern um Vergewisserung. Darum sind ehrliche Antworten hilfreicher als vermeintlich richtige Informationen. Bei ihrer Art, sich Gott vorzustellen, stößt die reine Lehre ohnehin recht bald an Grenzen. Erzieherinnen und Erzieher sollten Kindern zuerst helfen, ein Verhältnis zu Gott aufzubauen und sich dabei nicht davon abhängig machen, ob das, was sie sagen, im Urteil anderer Erwachsener richtig oder falsch ist.

### Bilder und Geschichten können helfen, eigene Antworten zu finden

Wenn es schwer fällt, die eigenen Gedanken in Worte zu fassen, kann auf die Erfahrungen und Bilder früherer Generationen zurückgegriffen werden. Sie haben sich in der Bibel, in Liedern und Gebeten niedergeschlagen. In der Bibel findet sich eine Fülle von Bildern für Gott. Manche haben das Gottesbild vieler Menschen geprägt, ohne dass ihnen das vielleicht bewusst ist. Dazu gehören z. B. die Bilder vom Hirten, von der Quelle und der Burg oder das Bild vom Regenbogen. Vor allem die Psalmen des Alten Testamentes enthalten ganz konkrete Bilder, die denen der Kinder sehr nahe kommen. Da thront Gott im Himmel und die Erde ist der Schemel seiner Füße; da spannt er seinen Schirm auf, um Menschen zu schützen, da wendet er ihnen sein Gesicht zu und nimmt sie bei der Hand. Viele biblische Bilder haben auch Eingang in zeitgenössische religiöse Lieder für Kinder gefunden – z.B. »Gottes Liebe ist wie die Sonne«. Mit ihnen können diese Bilder weitergegeben und Kindern angeboten werden. Je mehr Bilder einem Menschen zur Verfügung stehen, desto leichter fällt es, mit ihnen unterschiedliche Gefühle zu verbinden und auszudrücken.

Genauso wichtig wie Bilder sind Geschichten. Die Aussage »Gott ist Liebe« (1 Johannes 4,16) lässt sich z.B. im Bild von der Sonne ausdrücken und dann mit Hilfe eines Liedes singen. Sie lässt sich aber auch mit der Geschichte vom liebenden Vater (siehe das Gleichnis vom verlorenen Sohn, Lukas 15,11-24) erzählen. Wer Geschichten erzählt, dem geht es nicht um absolute Antworten. Geschichten laden dazu ein, mitzufühlen, weiterzudenken und darüber ins Gespräch zu kommen.

*Ein Mädchen im Grundschulalter überlegte, wie die Himmelfahrt Jesu vor sich gegangen sein könnte. Die naheliegendste Lösung war, dass ein Flugzeug gekommen ist und ihn mit in den Himmel genommen hat. Flugzeuge kannte sie. Und da der Himmel als Raum für die Flugzeuge und der Himmel als der Bereich Gottes im Deutschen mit ein und demselben Wort bezeichnet werden, machte auch das keine Probleme. Aber dieses Kind wusste, dass es vor 2000 Jahren noch keine Flugzeuge gab. Und so hat es nach einigem Zögern die erste Lösung korrigiert: »Ach nein, damals gab es ja noch keine Flugzeuge. Dann ist eine Wolke gekommen und hat ihn hochgehoben.«*

Kinder können unwahrscheinlich produktiv und kreativ sein, wenn es darum geht, etwas zu begreifen oder Probleme zu lösen. Sie sind ja ständig damit beschäftigt, Neues aufzunehmen und in ihr Bild von der Welt zu integrieren. In diesem Fall hat das Mädchen die Spannung zwischen Tatsachenwissen (damals gab es noch keine Flugzeuge) einerseits und

Glaubensaussage (Jesus kehrt zu seinem Vater zurück) andererseits gelöst, indem es zum Bild der Wolke gegriffen hat. Damit hat es die gleiche »Antwort« gefunden wie die Menschen, die die Geschichte Jesu im Neuen Testament aufgeschrieben haben.

## Und wenn der liebe Gott nicht mehr lieb ist?

Kinder und Erwachsene kommen auch an Punkte, an denen beide nicht weiter wissen. Das wird spätestens dann der Fall sein, wenn nach Leid und Unrecht gefragt wird. Solche Erfahrungen stehen in Spannung zu dem Bild von Gott, der für die Menschen da ist, der sie begleitet und beschützt. Diese Spannung lässt sich nicht auflösen, sie muss ausgehalten werden. Im Gespräch mit Kindern kann das nur gelingen, wenn die Erwachsenen dazu stehen, auch keine Antwort zu wissen und die Ratlosigkeit der Kinder teilen. Die Bibel spiegelt auch diese Ratlosigkeit. Denjenigen, die Gott vertrauen, wird an keiner Stelle ein angst- und sorgenfreies Leben versprochen. Aber Menschen haben immer wieder erfahren, dass Gott sie in schwierigen Situationen nicht fallen lässt (vgl. S. *59 ff.*). Das schafft Raum, Gott die eigene Ratlosigkeit, die Angst und vielleicht auch die Verzweiflung zu klagen.

**Zum Weiterlesen:**
**John M. Hull,** Wie Kinder über Gott reden, Gütersloh 1997.
**Stephanie Klein,** Gottesbilder von Mädchen, Stuttgart 2000.
**Reinmar Tschirch,** Gott für Kinder, Religiöse Erziehung – Vorschläge und Beispiele, II. völlig neu bearbeitete Auflage, Gütersloh 2000.

# »Wie kann Gott das zulassen?«
## Fragen an das Bild vom »lieben Gott«

**Christoph Th. Scheilke**

Wenn Menschen Schlechtes widerfährt, wenn sie sich ungerecht behandelt fühlen oder wenn sie sehen, wie andere an unerträglichen Schmerzen leiden, wie Kinder verhungern müssen, wie Menschen von Katastrophen tödlich getroffen werden, dann bekommt das Bild vom gerechten, barmherzigen und liebenden Gott einen Knacks. Wie kann Gott das zulassen? Diese Frage ist nicht neu; sie hat schon immer Menschen bewegt. Manche können diese Frage für sich selbst wegschieben, aber wie lange? Spätestens wenn ein Kind sie stellt, muss man sich ihr stellen. Deshalb ist es notwendig, diese Frage, die berühmte »Theodizee«-Frage (griech.: theos – Gott, dizee – Rechtfertigung/Gerechtigkeit), an sich heranzulassen, auch wenn sie schwierig und unangenehm ist.

Nur wem Gott völlig bedeutungslos ist, kann ihr ausweichen. Doch dem stellen sich andere Fragen. Wer etwa ein Unglück nur als Folge von menschlichem Verhalten oder bestimmter Strukturen oder eben als Schicksal bzw. Zufall erklären kann, auch der gerät in einen Erklärungsnotstand und an die Grenzen der eigenen Vernunft. Wer so denkt, als gäbe es Gott nicht, kann seinen Lebenssinn letztlich nur darin finden, dass manches unerklärlich und unverständlich, vielleicht sogar sinnlos ist. Leben ohne Sinn, das ist aber keine Perspektive für Erziehung und für Erzieherinnen, deren Aufgabe es ist, mit Kindern unterwegs zu sein, sie ein Stück weit zu begleiten und den Sinn des Lebens zu entdecken. Sie müssen deshalb nach einer für sie selbst und für Kinder sinnvollen Antwort suchen.

## Erste Antworten

Manche setzen darauf, dass in Zukunft durch die Entwicklung der Wissenschaften alle

Zufälle erklärt, Katastrophen vorhergesagt und Krankheiten vermieden werden können. Aber im Moment haben sie auch keine vernünftige Erklärung. So trösten sie sich mit einer vagen Hoffnung.

Andere glauben, das Böse komme von

einem Gegenspieler Gottes, dem Teufel etwa. Aber wäre ein solcher »Durcheinanderbringer« (= Diabolos) nicht auch Teil von Gottes angeblich guter Schöpfung? Dann würde die Frage nur anders lauten, etwa: Warum hat Gott das Böse geschaffen? Auch dieser Ansatz hilft letztlich nicht weiter.

Wieder andere verzweifeln an Gott. Davon erzählt die früh an Kinderlähmung erkrankte Luise Habel in ihrem Buch »Herrgott, schaff die Treppen ab«. In dieser Lebensphase können ihr auch alle wohlmeinenden Ratschläge und »Antworten«, die Gott zu rechtfertigen versuchen, nicht helfen. Aber Luise Habel erzählt auch, welches Gottesbild ihr dann später wieder half:

»Er war für mich nicht der sieghafte Gott, dem alles untertan ist. Ich sah den leidenden Christus, der gescheitert war an dieser Welt, der ohnmächtig sich hatte ans Kreuz schlagen lassen und der seine Verlassenheit hinausschrie.« Diesen, also den an der Gewalt unter Menschen leidenden Gott hat sie entdeckt, weil sie nicht gleich ihren Frieden mit dem Schicksal gemacht hat. Im Gegenteil, sie hat rebelliert, sie hat weiter gesucht. Sie hat das Bild vom Herrscher-Gott verabschiedet und am Ende ein für sie angemesseneres Verständnis von menschlichem Leben und von Gottes Handeln gefunden.

## Gott und Mensch

Das Unvollkommene und das Böse, Leid und Unglück gehören zu einem Menschsein, das einen Anfang und ein Ende, also Grenzen hat. Innerhalb dieser Grenzen ist der Mensch frei. Er kann auch Grenzen überwinden und verschieben. Sein Handlungsspielraum wird dann größer. Doch er stößt an neue Grenzen. Denn bei aller Freiheit bleibt er grundsätzlich begrenzt. Diese Grenze gilt es zu erkennen. Unvollkommenheit und Fehlerhaftigkeit gehören zu mir. Dieses Eingeständnis ist ein erster Schritt einer angemessenen Unterscheidung zwischen Mensch und Gott. Der zweite besteht darin, Gott nicht nur in menschlichen Kategorien zu denken, etwa nach dem Muster: Menschen müssen sterben, Gott lebt ewig; Menschen können nicht alles, Gott ist allmächtig. Wer Gott so »konstruiert«, hat nichts anderes als einen von Menschen gedachten Gott in der Hand. Doch der hilft nicht weiter. Wer das Verhältnis zwischen Gott und Mensch verstehen und dabei nicht an einem selbst konstruierten Gott hängen bleiben will, ist auf die Geschichten von Menschen angewiesen, die von ihren Erfahrungen mit Gott erzählen.

## Hiob – eine biblische Geschichte

Hiob wird – wie aus heiterem Himmel – schwer krank Er, der fromme Mensch, versteht das nicht. Er beklagt sich bei seinen Freunden und direkt bei Gott – und Gott antwortet ihm, persönlich und mehrfach, und weist Hiob recht schroff auf seine Grenzen hin. Mit den Worten: »So habe ich denn im Unverstand geredet über Dinge, die ...

unbegreiflich sind«, anerkennt Hiob die Allmacht Gottes. Dann lässt Gott ihn wieder gesund werden.

Die Hiob-Geschichte erzählt beispielhaft einen wesentlichen Schritt auf dem Ausweg aus der Verzweiflung: Menschen klagen vor Gott, sie klagen Gott direkt und persönlich an. Das heißt, sie suchen die Beziehung zu Gott, auch wenn im Moment von Gottes Liebe, seiner Gerechtigkeit, Barmherzigkeit und Güte, ja von seiner Anwesenheit nichts zu spüren ist. Viele haben seit Hiob diese Erfahrung gemacht: Gott greift nicht ein. Kann er nicht, dann ist er ohnmächtig – und nicht Gott. Will er nicht, dann ist er selber böse und keineswegs barmherzig, also auch: Nicht-Gott. Diese Fragen zu stellen ist kein Zeichen von Unglauben.

## Eine Geschichte aus Auschwitz

Elie Wiesel berichtet von einem jüdischen Gottesdienst im Konzentrationslager, in dem Menschen über Gott zu Gericht saßen und ihn schuldig sprachen, dann aber sich zum Gebet an ihn zusammenfanden: »Gepriesen sei der Name des Ewigen!« In seiner Autobiografie schreibt E. Wiesel:

*»Mag Nietzsche dem alten Heiligen ... zugerufen haben: ›Gott ist tot‹, der Jude in mir kann es nicht. Ich habe meinen Glauben an Gott nie verleugnet.*

*Ich habe mich gegen Sein Gesetz gestemmt, habe gegen Sein Schweigen, bisweilen auch gegen Seine Abwesenheit aufbegehrt, doch meine Wut tobte innerhalb meines Glaubens, niemals außerhalb. Ich gebe zu, diese Haltung ist nicht sehr originell, sie steht in der jüdischen Tradition.«*

Wie lässt sich das verstehen?

## Gott als Ermöglicher

In der jüdischen Tradition gibt es die Lehre vom »Zimzum«: Gott zieht sich zurück, um Raum für die Schöpfung zu schaffen. Gott beschränkt sich, damit etwas anderes entstehen kann. Er schuf den Platz und die Zeit, damit die Welt entstehen und sich entwickeln konnte. Und er schuf den Menschen nicht als seine Marionette, sondern als freies Wesen, frei zu eigener Entscheidung, frei – allerdings endlich. In Respekt vor der Freiheit des Menschen greift Gott nicht in diese Schöpfung ein. Manchmal wäre mir ein stets zum Durchgreifen bereiter Gott auch lieber, damit zurechtgerückt wird, was verkehrt läuft. So aber bleibt es eine freie Entscheidung von Menschen, ob sie nach seinem Willen überhaupt fragen und wie sie seinen Geboten entsprechend handeln. Wo sie es nicht tun, da leidet Gott mit ihnen, auch daran, dass sie sich für ein Leben nach anderen Maßstäben entschieden haben.

Ein solches Verständnis hat weit reichende Folgen dafür, wie man nun Gottes Allmacht verstehen kann. Gott hat aus freien Stücken auf seine (Durchsetzungs-)Macht verzichtet, was nur er als Allmächtiger kann. Gerade darin liegt seine unermessliche Größe, dass er den Menschen als sein Gegenüber mit einem freien Willen zum Guten wie zum Bösen ausgestattet hat. Gott ist der Mächtige als Ermöglicher, nicht als Durchsetzer.

## Eine Alltagsgeschichte

Das zu verstehen ist schon schwierig für Erwachsene. Wie soll man es Kindern erklären? Wenn beispielsweise ein Vierjähriger das gemeinsame Abendgebet, der liebe Gott möge alle behüten, derb unterbricht: »Er soll mich nicht behüten; er hat ja auf seinen Jungen auch nicht aufgepasst!« Die Mutter, eine Pastorin, war sprachlos, so erzählt sie. Ehrliche Sprachlosigkeit und Anteilnahme an den Überlegungen des Kindes sind besser, als drüber hinwegzugehen. Wie hätte sie noch anders reagieren können?

Sie hätte darauf verweisen können, dass der »liebe Gott« auch dann noch bei »seinem Jungen« geblieben ist, als Menschen ihn ermordeten. Menschen haben Jesus ans Kreuz gebracht. Seine Freunde sind weggelaufen. Aber Gott blieb bis zum Ende bei ihm. Und er hat ihn nicht im Tod belassen, sondern wieder auferweckt, zu sich in ein Leben ohne Angst und Schmerz genommen.

Die Mutter hätte auch konkret davon erzählen können, warum dieser Gott für sie selbst trotzdem »noch« ein lieber Gott ist, der behütet und bewahrt, aber eben nicht immer so, wie Menschen das gerne hätten und sich ausdenken. Die entsprechende Bitte im Gebet Jesu, dem Vaterunser, lautet: »*Dein* Wille geschehe, wie im Himmel so auf Erden«. Es ist gut, wenn man dabei persönlich auf die, freilich schmerzhafte, eigene Erfahrung verweisen kann: Du kannst nicht tiefer fallen als in Gottes Hand! (Evangelisches Gesangbuch 533,1) Gott ist, bei aller menschlichen Freiheit und Eigenständigkeit, dann doch da, wenn es ums Ganze geht. Allerdings weiß man dies nicht im Voraus.

Wie immer man auf solche Kinderfragen eingeht, wichtig ist es, das Kind ernst zu nehmen und nicht schnell darüber hinwegzugehen. Die Frage des Kindes in unserem Beispiel ist nämlich auch eine Anfrage an die Beziehung zur Mutter. Darf ich so etwas sagen? Kann ich meiner Mutter vertrauen? Insofern kommt es auch auf die Art und Weise an, wie die Gefragte reagiert. Macht sie sich mit dem Kind auf die Suche nach einer Verstehensmöglichkeit? Eine glatte Antwort und schnelle Vertröstung helfen da nicht weiter, wo es im Grunde um Urvertrauen als Ermöglichung von menschlicher Entwicklung geht.

## Dietrich Bonhoeffer (1906 - 1945)

Bonhoeffer hat 1943, also inmitten persönlicher Verfolgung wie äußerer Bedrohung durch Diktatur und Weltkrieg, sein Gottvertrauen so ausgedrückt:

*»Ich glaube, dass Gott aus allem, auch aus dem Bösesten, Gutes entstehen lassen kann und will. Dafür braucht er Menschen, die sich alle Dinge zum Besten dienen lassen. Ich glaube, dass Gott uns in jeder Notlage so viel Wider-*

*standskraft geben will, wie wir brauchen. Aber er gibt sie nicht im Voraus, damit wir uns nicht auf uns selbst, sondern allein auf ihn verlassen. In solchem Glauben müsste alle Angst vor der Zukunft überwunden sein.«*

Da wird eine Gelassenheit, ein Gefühl tiefer Geborgenheit sichtbar. Aber auch Bonhoeffer selbst war nicht immer so gelassen; er kannte Phasen ebenso tiefer Verzweiflung.

## Mitleiden entlastet

Wer vor Angst, ohnmächtiger Wut oder rasenden Schmerzen nicht mehr aus noch ein weiß oder wer gerade einen ganz lieben Menschen verloren hat, dem fehlt solche Gelassenheit. Deshalb sind Menschen, die zuhören und die ihr Mitleiden zulassen können, so wichtig. Manchmal begegnet man einem Menschen, der einem die eigene Verzweiflung abnimmt und nicht gleich zu beruhigen versucht: »Das war neu für mich, dass da ein Christ war, der keine Antwort hatte. Dass er um meinetwillen all die Bibelsprüche, die ihm zu Gebote standen, unausgesprochen ließ. Er hätte sich ein gutes Gewissen verschaffen können. Aber er tat es nicht. Um meinetwillen.« (Luise Habel) Ein Mensch teilte ihre Verzweiflung und nahm konkret etwas von der Last der Erfahrungen ab, indem er sich belasten ließ.

## Der mitleidende Gott hilft

Eine solche Erfahrung öffnet die Augen für die Erfahrungen, die auch andere machen mussten, Jesus zum Beispiel, der am Kreuz den Tod erleidende Gott. Er ruft in seiner Verzweiflung: »Mein Gott, mein Gott, warum hast du mich verlassen?« Das ist der Anfang eines ihm wohlvertrauten Psalms (Psalm 22).

Früher dachte man, kranke Menschen seien an ihrer Krankheit selber schuld. Auf die Frage seiner Anhänger nach der Ursache der Blindheit des Blinden (Johannes 9) antwortet aber Jesus: »Es hat weder dieser gesündigt noch seine Eltern!« Was für eine Befreiung war das! Dann heilte ihn Jesus von seiner Blindheit und zeigte damit, in wessen Namen er handelt: im Namen dessen, der keinen Menschen ausgrenzt. In Jesus von Nazareth hat sich Gott gezeigt als der Barmherzige, der All-Erbarmer, wie er im Koran auch genannt wird. Der barmherzige Gott ist einer, dessen Macht aus der Ohnmacht kommt.

## Ich glaube, hilf meinem Unglauben!

Wie, das wird in der Geschichte von der Heilung eines an Epilepsie erkrankten Jungen erzählt. Die Jünger Jesu konnten ihn nicht von seinem Leiden heilen. Da bringt ihn schließlich der Vater persönlich zu Jesus: »›Wenn du aber etwas kannst, so erbarme dich unser und hilf uns.‹ Jesus aber sprach zu ihm: ›Du sagst: Wenn du kannst! – alle Dinge sind möglich dem, der da glaubt.‹« (Markus 9,14 ff.)

Also wieder: Wenn man auf Gott vertraut, dann geht alles glatt, dann wird er seine Macht schon einsetzen! Oder? Der Vater ist hin- und hergerissen: »Ich glaube, hilf meinem Unglauben!« (24) Er bekennt sich zu seiner völligen Ohnmacht. Nicht einmal mehr glauben und vertrauen kann er aus eigener Macht. Das genau ist der Wendepunkt. Es will rational denkenden und selbstständigen Menschen wie uns zuerst so gar nicht einleuchten. Die Klage über die eigene Hilflosigkeit, die allerdings nicht einfach in den Wind, sondern zu Gott gesprochen wird, ist der Punkt, unter den man tiefer nicht fallen kann. Da wartet Gott.

Der Glaube, von dem der Vater spricht, liegt nicht in der Macht der Jünger begründet, auch nicht in der einer Kirche, Synagoge oder Moschee. Das Gebet, das den Jungen wieder gesund werden lässt, ist des Vaters Ruf aus tiefer Verzweiflung, die Klage der eigenen Machtlosigkeit und die Anerkennung der Tatsache, dass das Vertrauen auf menschliche Kräfte nicht weiterführt, »es nicht bringt«.

Der Verzicht auf menschliche Macht macht Platz für Gottes Barmherzigkeit. Die Geschichten von Luise Habel, Elie Wiesel und Dietrich Bonhoeffer geben auch heute zu erkennen, dass man sich darauf verlassen kann, selbst wenn alle anderen einen schon verlassen haben.

So lautet am Schluss die Frage nicht länger: Wie konnte Gott das zulassen?, sondern: Worauf will ich mich letztlich verlassen?


**Zum Weiterlesen:**
**Harold S. Kushner**, Wenn guten Menschen Böses widerfährt, 7. Auflage, Gütersloh 2001.

# Auf der Suche nach einem Gottesbild
## Was Erwachsenen Schwierigkeiten macht

**Marion Eimuth**

*Miriam ist fünf Jahre. Ein aufgewecktes Mädchen. Beim Spaziergang bricht es plötzlich aus ihr heraus: »Sag mal, sitzt Gott auf einer Wolke?« Gute Frage, und ich ahne, was gleich hinterher kommt. Und während ich angestrengt nach einer Antwort suchend schweige, schiebt Miriam gleich eine weitere Frage nach: »Was macht Gott, wenn es regnet?« Schließlich weiß sie, dass der Regen aus den Wolken kommt. Aber wie hängt der Regen logisch mit Gott zusammen?*

Wenn Kinder nach Gott fragen, brauchen sie Erwachsene, die von Gott erzählen können. In allen Kindertagesstätten sollte Raum für solche Fragen sein. Oft sind es – wenn auch in kindlicher Sprache – tief gehende religiös-philosophische Fragen, die die Kinder umtreiben.

Damit überfordern sie, gelegentlich, die Erzieherinnen. Denn wer hat schon immer gleich eine Antwort auf solche Fragen? Und wer kann so direkt auf existenzielle Fragen antworten, wie es die Kinder gerne möchten?

Auf direkte Fragen der Kinder nach Gott einzugehen ist eine Herausforderung, weil es grundlegende Unterschiede zwischen dem Denken und Glauben von Kindern und Erwachsenen gibt. Darüber hinaus spielen weitere Gründe mit, über die an dieser Stelle etwas genauer nachgedacht werden soll: die eigene religiöse Erziehung und Sozialisation, die Auseinandersetzung mit dem eigenen Kinderglauben, die Frage nach einem weiblichen Gottesbild.

## Die eigene religiöse Erziehung und Sozialisation

Heutige ErzieherInnen sind in einer Zeit aufgewachsen, in der eine christliche Sozialisation nicht mehr die Regel war. Religion und religiöse Praxis waren vor 20 oder 30 Jahren schon nicht mehr selbstverständlich. Sie wurden eher – etwa in Folge des 68er Aufbruchs – abgelehnt oder bestenfalls distanziert wohlwollend betrachtet. Und doch sind die heutigen Erzieherinnen keine religiös unbeschriebenen Blätter. Auch sie haben ihre Fragen und bringen ihre Vorstellungen von Gott mit.

In vielen Fällen hat sie die eigene religiöse Sozialisation zu der Auffassung geführt, dass Glaube eine rein individuelle Angelegenheit sei, eine Privatangelegenheit sozusagen. Das hat weit reichende Folgen: Zum einen kann dann nicht einleuchten, wozu der Glaube auf Gemeinschaft angewiesen sein soll, und zum anderen werden Glaubensinhalte rein nach persönlicher Vorliebe aufgenommen und versatzstückartig aneinander gereiht. Dies wiederum führt zu einer Ablehnung jeder Form kirchlicher Lehre, die Geschlossenheit signalisiert. In evangelischen Kindertagesstätten ist dies auch an Vorbehalten der Erzieherinnen gegenüber dem Arbeitgeber Kirche abzulesen. Die in der Gesellschaft weit verbreitete Distanz gegenüber der Kirche spiegelt sich auch in der kirchlichen Mitarbeiterschaft wider.

Angesichts solcher biografischer Erfahrungen lassen sich Erzieherinnen nur zögernd darauf ein, sich unter Anleitung eines Pfarrers oder einer Pfarrerin mit ihrer eigenen religiösen Sozialisation auseinander zu setzen. Für sie sind Pfarrer und Pfarrerinnen Vertreter einer Institution Kirche, deren Lehre ihnen eher fremd erscheint und deren Handeln gelegentlich als befremdlich empfunden wird. Eine Auseinandersetzung mit der eigenen religiösen Sozialisation beispielsweise im Rahmen der Fortbildung wird nur gelingen, wenn diese Voraussetzungen mitbedacht und wenn sensibel auf die Wahrnehmungen und Erfahrungen der Erzieherinnen eingegangen wird.

## Vom Kinderglauben zur göttlichen Natur: Umbrüche und Spannungen

Würde man in die nächste Fußgängerzone gehen und wie bei Günther Jauch die Frage stellen, ob Gott ein alter Mann mit weißem Bart sei, der im Himmel sitzt und das Leben der Menschen lenkt, so würde dies sicherlich am häufigsten bejaht. Der kindliche Glaube an einen Gott, der die Geschicke der Menschheit so lenkt wie ein Puppenspieler seine Marionetten, ist auch bei Erwachsenen weit verbreitet.

Zugleich macht ein solches Gottesbild vielen Erzieherinnen Schwierigkeiten. Deshalb suchen sie nach anderen Möglichkeiten.

»Im Wald erfahre ich mehr von Gottes Nähe als Sonntagmorgens in der Kirche«, sagte neulich Elisabeth M., Erzieherin in einer evangelischen Einrichtung und Mutter von drei Kindern. Gott könne man überall in der Natur erfahren – in jedem Tier, in jeder Pflanze, in jedem Baum sei er zu spüren. Diese schon bei Johann Wolfgang von Goethe zu findende Vorstellung von der Natur als Gott ist gerade in der hoch industrialisierten Welt ein beliebter religiöser Gegenentwurf. Aber was für ein Gott begegnet in der Natur? Bleibt dieser Gott nicht reichlich unbestimmt – gerade angesichts der sehr konkreten Fragen der Kinder? Und ist dieser Gott nicht viel zu eingeengt – etwa angesichts der für Kinder so wichtigen sozialen Erfahrungen?

Die Suche nach Gott in der Natur verweist noch auf andere Probleme mit dem Kinderglauben, etwa auf die Frage, ob die Welt wirklich in sieben Tagen erschaffen wurde oder ob dies symbolisch zu verstehen sei. Denn wer Gott im kindlichen Sinne als Baumeister der Welt ansieht, kann naturwissenschaftliche Erkenntnisse über die Entstehung der Welt nur schlecht in seinen eigenen Glauben integrieren.

Diese Beispiele zeigen die Notwendigkeit der Auseinandersetzung mit den eigenen Gottesbildern. Wir können von Gott nur in Bildern, Geschichten und Analogien sprechen. Und wir können nur solche Bilder und Geschichten weitergeben, die unseren eigenen Erfahrungen im Erwachsenenalter Stand halten. Dies macht die Sache mit Gott so schwierig, aber auch so spannend. Wenn Kinder nach Gott fragen, begegnen wir immer auch unserem eigenen Kinderglauben und müssen uns erneut damit auseinander setzen.

## Gott auch weiblich denken dürfen?

Eine weitere Spannung im Gottesbild der Erzieherinnen bezieht sich auf einseitig männliche Gottesbilder, denen sie einerseits selbst verhaftet sind und mit denen sie andererseits nichts anfangen können. Solche einseitigen Gottesbilder sind schon in der Bibel zu finden, wenn vorwiegend männliche Attribute die Gottesvorstellung bestimmen. Und unsere eigene gesellschaftliche Wirklichkeit unterstützt dies weiter. Gott männlich und weiblich zu denken ist deshalb eine wichtige Herausforderung für die religionspädagogische Fortbildung. Die Bibel selbst ist die Grundlage für ein solches Gottesbild. Es lohnt sich, in der Bibel nach Belegen für andere Erfahrungen zu suchen.

*Gott wie eine Mutter*
Bei dem Propheten Hosea wird dieses Bild Gottes aufgegriffen. Hosea war ein Prophet, der im 8. Jahrhundert v. Chr. gewirkt hat. Er hat besonders oft von der weiblichen Seite Gottes gesprochen. Ein Beispiel findet sich im 11. Kapitel. Dort wird von der Mühe berichtet, die die materielle Absicherung eines Kindes macht. Diese Situation weist eindeutig auf die mütterliche Seite Gottes hin. Einen Säugling großziehen bedeutete im Vorderen Orient

der damaligen Zeit, das Kind drei Jahre zu stillen. Kinder hätten sonst wenig Chancen zum Überleben gehabt. Und wie eine Mutter ihr Kind zärtlich großzieht, es liebt, es pflegt, es schützt, behütet, stillt und nährt, so verhält sich Gott zu Israel. Besonders die Verse 3 und 4 greifen dieses Bild auf. »Ich lehrte Ephraim gehen und nahm ihn auf meine Arme; aber sie merkten's nicht, wie ich ihnen half. Ich ließ sie ein menschliches Joch ziehen und in Seilen der Liebe gehen und half ihnen das Joch auf ihrem Nacken tragen und gab ihnen Nahrung«, so die Lutherübersetzung.

Die feministische Theologie fragt, ob die Bibelübersetzungen nicht einer neuen Prüfung unterzogen werden müssten. Helen Schüngel-Straumann übersetzt die zwei zitierten Verse etwas akzentuierter: »Dabei habe ich doch Efraim gestillt, indem ich ihn auf meine Arme nahm. Sie jedoch begriffen nicht, dass ich sie pflegte. Mit menschlichen Seilen zog ich sie, mit Stricken der Liebe. Und ich war für sie wie solche, die einen Säugling an ihren Busen heben, und ich neigte mich zu ihm, um ihm zu essen zu geben.« Sie begründet ihre Übersetzung damit, dass es völlig unsinnig sei, ein Kind das Laufen zu lehren, indem ich es auf den Arm nehme. In der weiteren Erzählung wird dann das Stillen beschrieben.

Mutterbilder gibt es auch in Hosea 13,8: »Ich will sie anfallen wie eine Bärin, der ihre Jungen genommen sind, und will ihr verstocktes Herz zerreißen.« In diesem Bild wird Gott als Bärenmutter beschrieben, die sehr leidet, weil ihr die Jungen gestohlen wurden. In der Tierwelt ist bekannt, dass Muttertiere, denen die Jungen weggenommen oder weggelaufen sind, besonders aggressiv sind. Im Laufe der Geschichte sind diese Mutterbilder allerdings nach und nach verschwunden. So wird gerade die Stelle Hosea 11 nicht als Sohn-Mutter-Verhältnis gesehen, sondern als Sohn-Vater-Verhältnis interpretiert.

Gott als Mutter erscheint in Jesaja 49,15: »Kann auch ein Weib ihres Kindleins vergessen, dass sie sich nicht erbarme über den Sohn ihres Leibes? Und ob sie seiner vergäße, so will ich doch deiner nicht vergessen.« Hier ist die Liebe Gottes, die wie eine Mutterliebe beschrieben wird, noch gesteigert. Diese Liebe nämlich ist der menschlichen Mutterliebe bei weitem überlegen.

Oder Jesaja 66,13: »Ich will euch trösten, wie einen seine Mutter tröstet.« Auch hier ist es wieder die Mutter, die ihren Kindern Trost und Geborgenheit gibt. Anders als in den Bildern davor steht das Trösten im Mittelpunkt. Auch in Psalm 131,2 ist das Bild von Mutter und Kind aufgenommen: »Fürwahr, meine Seele ist still und ruhig geworden wie ein kleines Kind bei seiner Mutter; wie ein kleines Kind, so ist meine Seele in mir.«

*Gott wie eine Hausfrau*
Gott wird im Lukasevangelium (15,8-10) gleichsam als Hausfrau vorgestellt. Das Gleichnis vom verlorenen Sohn ist den mei-

## Nachdenken

sten bekannt. Auch das Gleichnis vom verlorenen Schaf ist noch bekannt, aber das Gleichnis vom verlorenen Groschen, das zwischen den anderen beiden im gleichen Kapitel steht, ist weithin unbekannt. Dieses Gleichnis zeigt Gott im Bild einer Hausfrau und ist im Vergleich zu den beiden anderen Gleichnissen sehr kurz, es hat nur drei Verse.

Eine Frau hat zehn Silbergroschen und verliert einen. Sie sucht im ganzen Haus danach, bis sie ihn gefunden hat. Sie freut sich so, dass sie ihre Freundinnen und Nachbarinnen davon unterrichtet.

Es war dies für die Frau ein großer Betrag, sonst hätte sie nicht so danach gesucht und schließlich ihre große Freude mit anderen geteilt. Ein Silbergroschen zur damaligen Zeit bedeutete ein bis zwei Tage Lebensunterhalt. Ein Haus der damaligen Zeit hatte keine Fenster, es war also immer etwas dämmrig. Umso größer und anstrengender wird die Suche gewesen sein. Mit welcher Sorgfalt wird die Frau die Zimmer und die Ecken abgesucht haben, bis sie endlich den Groschen gefunden hat? Und dann muss sie natürlich diese Freude anderen mitteilen. Sie lädt ihre Freundinnen und Nachbarinnen ein, sie sollen sich mit ihr freuen. Und wahrscheinlich wird diese Freude nicht nur im Erzählen geblieben sein, vielleicht haben sie noch lange zusammen gesessen und auch zusammen gegessen. Lukas hat hier eine Situation aufgegriffen, die von einem ganz alltäglichen Dasein in der Sicht einer Frau erzählt. Und gerade im Alltäglichen finden sich Gottes Spuren wieder.

An einer anderen Stelle, in den Psalmen, wird das Bild der Hausfrau ebenfalls aufgegriffen. In Psalm 123,2 heißt es: »Siehe, wie die Augen der Knechte auf die Hände ihrer Herren sehen, wie die Augen der Magd auf die Hände ihrer Frau, so sehen unsre Augen auf den Herrn, unsern Gott, bis er uns gnädig werde.«

Gott wird verglichen zum einen mit einem Herren und zum anderen mit einer Hausfrau, einer Herrin des Hauses. In diesem Psalm werden zwei Seiten Gottes angesprochen, die männliche und die weibliche, und auf zweierlei Art und Weise soll Gott gelobt werden, wie ein Vater und wie eine Mutter.

*Gott wie eine Bäckerin*
Matthäus nimmt ebenfalls ein Bild von Gott als Frau auf. Im 13. Kapitel, Vers 33 sagt Jesus: »Das Himmelreich gleicht einem Sauerteig, den eine Frau nahm und unter einen halben Zentner Mehl mengte, bis es ganz durchsäuert war.« Das Backen des Brotes war und ist eine typisch weibliche Aufgabe. Die Frau ist verantwortlich für die Familie. Die Frau muss die Familie versorgen, was angesichts der damaligen Verhältnisse wahrlich nicht einfach war.

Jesus legt seinem Gleichnis ein weibliches Gottesbild zu Grunde. Gott wird mit weiblichen Tätigkeiten und Begriffen gezeigt. Gott ist eben nicht nur ein Sämann, sondern auch eine Bäckerin. In seinen Gleichnissen vom Himmelreich greift Jesus immer wieder auf die Lebenswelt der kleinen palästinischen Leute zurück – ein Indiz dafür, wie wichtig für Jesus die Gleichstellung von Mann und Frau war. Dieses Gleichnis wurde übrigens zum Mittelpunkt des 1989 entstandenen Hungertuches von Misereor »Biblische Frauengestalten – Wegweiser zum Reich Gottes«.

## Andere Gottesbilder entdecken

Das Gottesbild von Frauen in unserer Gesellschaft ist geprägt durch männliche Bezeichnungen. Von Gott wird geredet als Vater, König, Herrscher, Herr, als Gott der Väter Abrahams, Isaaks und Jakobs. Friedel Kriechbaum sieht in dieser Sprache die Wirklichkeit gespiegelt. »Der als Mann charakterisierte Gott ist die Verlängerung der irdischen Herrscher: Familienvater, Landesvater, geistliche Väter, Gottvater.«

Erst langsam werden die anderen Gottesbilder wieder entdeckt. Die Bibel bietet eine Vielfalt von Bildern, in denen Gott vorgestellt wird. Der erste Schritt in diese Richtung wäre die Sprache. Die Inklusivsprache (Frauen und Männer einschließend) ist heute fast selbstverständlich geworden. Ist sie das in der religiösen Sprache auch? Einige Lieder im neuen Evangelischen Gesangbuch wurden dahingehend verändert. Ein Beispiel dafür ist das Abendmahlslied »Das sollt ihr Jesu Jünger nie vergessen«. Zu den Brüdern kommen die Schwestern noch hinzu. Im Gottesdienst – speziell in der Anrede der Gebete – wird ganz zaghaft die Inklusivsprache eingesetzt. Dort wird von Gott gesprochen, der wie ein Vater und eine Mutter ist.

Das Bild des Vaters ist von Jesus im Neuen Testament betont worden. Es hat das Denken der Christenheit geprägt. Jesus hat den Vatergott als gütigen, fürsorglichen und zugewendeten Gott vorgestellt. Männlichkeit und Macht lagen diesem Vater fern. Besonders deutlich wird dies im Gleichnis vom verlorenen Sohn. Hier ist Gott ein barmherziger Vater, der die Rolle des strengen Patriarchen hinter sich lässt.

All diese Überlegungen beantworten aber längst noch nicht die Frage von Miriam, ob Gott nun auf der Wolke sitzt. Wenn es richtig ist, dass Gott überall ist, so sitzt Gott auch auf der Wolke. Und so antwortete ich: »Sicher sitzt Gott auf der Wolke« und fügte hinzu, »denn Gott ist wie der Wind, man sieht Gott nicht, man spürt Gott aber. Und Gott ist überall, also auch auf der Wolke.«

Das sich nun anschließende Gespräch zu schildern würde den Rahmen dieses Beitrages sprengen. Es belegt aber, dass Kinder vor allem eines brauchen: Menschen, die ihnen von Gott umfassend erzählen können, in männlichen und in weiblichen Bildern, glaubwürdig für Kinder und glaubwürdig für Erwachsene.

**Zum Weiterlesen:**
**Karl Ernst Nipkow,** Erwachsenwerden ohne Gott? Gotteserfahrung im Lebenslauf, München 1987.
**Vreni Merz** (Hg.), Alter Gott für neue Kinder? Das traditionelle Gottesbild und die nachwachsende Generation, Freiburg/Schweiz 1994.
**Stephanie Klein,** Gottesbilder von Mädchen. Bilder und Gespräche als Zugänge zur kindlichen religiösen Vorstellungswelt, Stuttgart u. a. 2000.

# Bilderbücher zum Thema Gott

**Martin Küsell**

Von Gott kann nicht anders als in Bildern gesprochen werden. Da Gott mit keinem der menschlichen Sinne erfasst werden kann, lässt er sich nicht anders beschreiben. Soll das Reden von Gott nicht abstrakt bleiben, bedarf es der Bilder und der Bildersprache (Metaphern). Doch diese entwickeln sich nicht von selber. Zum einen müssen Bilder angeboten werden und bekannt sein. Zum anderen bedarf es der Übung, mit ihrer Hilfe Gedanken und Gefühle auszudrücken. Dabei sind Bilder und Bilderbücher ein unersetzliches Medium. Sie sind dazu geeignet, mit Kindern über Gott ins Gespräch zu kommen, ihnen erste Antworten anzubieten. Die Bilder unterstützen die Vorstellungen der Kinder, sie sind offen für Gedanken und Gefühle, sie laden dazu ein, eigene Geschichten zu entwickeln und zu erzählen. Nicht zuletzt können sie von den Kindern auch alleine betrachtet werden. Die Texte sind oft so formuliert, dass sich das Gemeinte leicht einprägt und mit den Bildern verbindet.

## Kriterien zur Beurteilung von Bilderbüchern

Bei der Auswahl sollten sich die Erziehenden zuerst getrost davon leiten lassen, ob ihnen das Buch persönlich zusagt. Dies gilt zum einen im Blick auf den Text, aber mehr noch im Blick auf die Bilder. Wer mit Kindern über die Bilder ins Gespräch kommen möchte, muss diese selber mögen.

Als Zweites ist zu fragen, ob sich Kinder mit ihren Vorstellungen in der Geschichte und den Bildern wiederfinden können bzw. ob sie Kindern helfen, eigene Vorstellungen von Gott zu entwickeln. Regt das Gesagte dazu an, nachzufragen und auf Entdeckungsreise zu gehen? Werden neue Bilder angeboten?

Ein drittes Kriterium ist schließlich, ob die Aussage des Bilderbuches der biblischen Tradition entspricht. Davon kann bei den gängigen Büchern zum Thema im Großen und Ganzen auch dann ausgegangen werden, wenn die Aussagen über Gott in eine Rahmenerzählung eingebettet sind (z.B. »Der liebe Gott wohnt bei uns im Apfelbaum«) oder biblische Motive aufgenommen und abgewandelt werden (z.B. »Jesus nimmt frei«). Dass die Frage nach der »theologischen Richtigkeit« nicht an erster Stelle steht, lässt sich auch damit begründen, dass die Bibel selbst eine Vielzahl an Bildern für Gott verwendet. Und es ist auch eher eine Frage des persönlichen Geschmacks, wenn Gott als freundlicher alter Mann dargestellt wird (z.B. »Samstag im Paradies«). Dies lässt sich jedenfalls nicht mit dem – in der lutherischen Tradition übergangenen – Zweiten Gebot verurteilen: »Du sollst dir kein Bildnis machen.« Denn dieses Gebot wendet sich gegen eine einheitliche, dinglich-konkrete Darstellung, die außerdem zum Objekt von Anbetung und Verehrung wird. Damit will das Bilderverbot jede Festlegung und Vereinnahmung Gottes abwehren. Auf die menschlichen Vorstellungen von Gott übertragen, verhindert das Bilderverbot jede starre Fixierung auf ein Gottesbild als dem einzig wahren und richtigen. Positiv gesagt, lässt es dem Menschen die Freiheit, Gott und die Erfahrungen mit ihm in immer neuen Bildern zu deuten und zu beschreiben.

## Ausgewählte Beispiele

Gott ist nicht dort, wo Menschen es erwarten
*»Benjamin sucht den lieben Gott« von Regine Schindler, Lahr, 11. Auflage 2000*

Wenn Benjamin nicht einschlafen kann, hüpft der Astronaut aus dem Bild an der Wand neben seinem Bett und erzählt von Raketen und Sternen. Aber die Frage nach dem lieben Gott kann auch er nicht beantworten. Da macht sich Benjamin selber auf die Suche. Doch mit der Leiter am Birnbaum lässt sich der Himmel ebenso wenig erreichen wie mit einer Seilbahn. Auf dem Berg trägt ihn König Wind schließlich hinauf zu den Wolken. Dort erfährt Benjamin von den Blitzen, dass keiner Gott je gesehen hat, der ganze Himmel aber doch sein Werk ist. Am Ende findet sich der Junge auf der Wiese im Garten seines Elternhauses wieder. Er weiß jetzt, dass Gott nicht nur da oben im Himmel ist. »Das Lieb haben, das sieht man nicht so gut. Aber man spürt es, es macht warm und froh.«

In dieser Geschichte vermischen sich Traum und Wirklichkeit. Zuwendung und Liebe der Menschen werden zu einem Bild für die Zuwendung und Liebe Gottes. Wie bei dem Ineinander von Fantasie und Realität kann auch hier das eine nicht eindeutig vom anderen unterschieden werden.

## Nachdenken

Gott hat viele Farben, Namen und Bilder
*»Wohnt Gott im Wind« von Regine Schindler,
Lahr 1992*

Dieses Buch stellt biblische Bilder für Gott vor: Himmel, Feuer, Burg, Wasser(fall), Hände, Wind, Hirte, Regenbogen, Stern, Samenkorn und Baum. Die Illustrationen strahlen Ruhe aus und wollen eigene Bilder wecken. In kurzen Texten wird auf die Darstellung eingegangen. In einem zweiten Schritt wird das Bild auf Gott übertragen, und es werden in vielen Fällen Bezüge zu biblischen Geschichten angedeutet. Regine Schindler bezeichnet diese Texte selbst als »Kinderpsalmen«. Das Nachwort enthält Hinweise zur Anlage des Buches und Anregungen zu seinem Gebrauch. Die wichtigsten Hinweise finden sich aber leider nur im »Kleingedruckten«: die Bibelstellen, die zum Gespräch oder zum eigenen Erzählen anregen sollen.

Das Buch lässt von seiner Anlage her viele Möglichkeiten offen, mit Kindern ins Gespräch zu kommen. Dabei werden weiterführende Antworten nicht vorgegeben und auch die biblischen Bezüge nur benannt. Sie zu erzählen setzt voraus, dass die Texte und Geschichten bekannt sind oder zunächst erarbeitet werden.

Leider ist das Buch z. Zt. vergriffen. Es ist aber in vielen Kindertagesstätten und kirchlichen Medienstellen vorhanden.

Wer Gott für die Menschen sein kann
*»Gott – Wer bist du?« von Elsbeth Bihler,
Limburg 1999 (Praxisbuch und Bildmappe)*

Im Mittelpunkt auch dieses Buches stehen einzelne Gottesbilder, die in Wort und Text erschlossen werden. Die Texte gliedern sich in Sätze zur Einstimmung, wobei die Kinder direkt angesprochen werden, und solche, in denen die Bibel zu Wort kommt. Die Auswahl der Themen ist von theologischen Interessen geleitet. Das wird schon im ersten Kapitel deutlich: Dargestellt sind Mose und der brennende Dornbusch. In den Texten wird aber nicht das Bild des Feuers aufgenommen, sondern der Name Gottes thematisiert. »Gott sagt: Ich bin da.« Die Aussagen der anderen Kapitel sind: Gott – wie die Adlermutter, ein Hirte, Licht und Heil, ein guter Freund, eine gute Mutter und ein guter Vater, ferner: Gott sorgt für uns und Gottes Stadt. Zu jedem der einzelnen Kapitel finden sich im Anhang didaktische und methodische Hinweise für die Praxis.

Gerade diese Hilfen machen das Buch interessant. Für diejenigen, die (zunächst) nur die Bilder einsetzen wollen, gibt es diese in einem gesonderten Heft ohne jeden Text. Es könnte als Angebot ausgelegt werden, sodass Kinder jederzeit darauf zugreifen können.

## Nachdenken

Ein Geschenk ohne Hintergedanken
*»Der liebe Gott wohnt bei uns im Apfelbaum«
von Franz Hübner / Brigitte Smith, Aschaffenburg 2002*

Innenseite aus:
»Der liebe Gott wohnt bei uns im Apfelbaum«

Daniel sucht jemanden, der ihm etwas schenkt, ohne gleichzeitig etwas von ihm zu erwarten. Dann, so hat sein Vater gesagt, sei Gott in der Nähe. Aber Daniel macht die Erfahrung, dass immer irgendwelche Erwartungen mit den Geschenken der Erwachsenen verbunden sind. Als er enttäuscht und traurig an seinem Lieblingsplatz unter dem Apfelbaum sitzt, fällt direkt vor ihm ein dicker, reifer Apfel zu Boden. Jetzt hat er etwas geschenkt bekommen – einfach so, ohne jede Bedingung. Da hat Daniel den lieben Gott gefunden: im Apfelbaum.

Die Geschichte ist ansprechend erzählt und illustriert. Die Antwort auf die Frage, wo Gott zu finden sei, ist jedoch einseitig. Nachdem die Möglichkeit, ihn bei den Menschen zu finden, sich als falsch erwiesen hat, bleibt die Erkenntnis, dass eigentlich jeder Baum wichtig ist. Doch Gott begegnet nicht nur in der Natur, sondern entgegen Daniels Erfahrungen auch in Menschen.

Gott in seiner Werkstatt
*»Samstag im Paradies« von Helme Heine, Köln 1985*

Gott erscheint in diesem Buch als liebenswürdiger alter Herr mit weißem Bart, der Pläne entwirft und sich wie ein Handwerker an die Arbeit macht. Im Mittelpunkt steht die Erschaffung des Menschen. Gott zum Bild geschaffen, wird er ihm immer ähnlicher: »Er bekam zwei Augen, um die Schönheit des Paradieses zu sehen, und eine Nase, um den Duft des Paradieses zu riechen, und zwei Ohren, um Gott zuzuhören, und einen Mund, um von den Wundern der Welt zu erzählen, und ein Herz, ein großes Herz, um die Schöpfung zu lieben.«

Helme Heine mischt in diesem Buch Motive aus den Schöpfungsgeschichten 1 Mose 1 (Gott erschafft die Welt in sechs Tagen) und 1 Mose 2 (Gott formt den Menschen aus Lehm) und setzt sie mit liebevollen, z. T. lustigen Details ins Bild. Dass der Mensch das Paradies verloren hat, wird hier nicht erzählt.
Für Kinder, die das Buch anschauen, fallen ihre Welt und das Paradies zusammen. Das ist erlaubt. Denn auch Kinder in diesem Alter wissen, dass die Welt nicht heil und das Leben nicht nur schön ist. Die Realität kann und darf zwar nicht verschwiegen werden; es darf aber auch Bilderbücher geben, die von der Schönheit der Welt und des Lebens erzählen.

Mach mal Pause!
*»Jesus nimmt frei« von Nicholas Allan, Limburg 1999*

Darf Jesus einfach freinehmen? Er muss, sagt der Doktor, den er aufsucht, weil das Heilen der Kranken nicht mehr so recht klappen will und das Erzählen von Geschichten auch nicht. So übt Jesus in der Wüste Rad schlagen, picknickt unter einer Palme und nimmt ein erfrischendes Bad. Doch am Abend plagt ihn das schlechte Gewissen: War das nicht vertane Zeit? Jesus erzählt alles seinem Vater – und Gott fordert ihn auf zurückzuschauen: Wo er Rad schlug, sprudeln Wasserquellen, wo er schwamm, hatten die Fischer Glück, und alle Menschen, die er traf, wurden froh, denn: »Nur wenn du selbst froh bist, kannst du auch andere froh machen.«

Und Gott will, dass Menschen froh sind – das ist die Botschaft dieses Bilderbuches. Diese Geschichte steht nicht in der Bibel,

Innenseite aus:
»Samstag im Paradies«

und doch erzählt sie von dem menschenfreundlichen Gott, in dessen Namen Jesus gehandelt und von dem er erzählt hat. Die Verbindung zu der Schöpfungsgeschichte 1 Mose 1 und dem siebten Tag als Ruhetag lässt sich leicht herstellen.

# Quellennachweise

S. 47: Dietrich Steinwede, © beim Autor.

# Fotos und Bilder

S. 8, 9, 45, 54, 59, 62: © Sabine Schreiner

S. 12, 14, 17, 31, 32, 33, 37, 73: © Martin Schreiner

S. 51, 63: © Helga Kirchberger

S. 22, 23, 24, 28: Rita Frind, aus: Die Bibel für Kinder ausgewählt und erläutert von Josef Quadflieg, © Patmos Verlag, Düsseldorf.

S. 30: (links): Die Hand Gottes, Fresko aus Spanien, 1123.

S. 30: (rechts): Der Baumeister der Welt, Illustration einer Bibel aus Frankreich, um 1250.

S. 78: Brigitte Smith, aus: Franz Hübner/Brigitte Smith: Der liebe Gott wohnt bei uns im Apfelbaum, © Wunderland Verlag, Aschaffenburg 2002.

S. 79: Helme Heine, aus: Helme Heine: Samstag im Paradies, © Middelhauve Verlags GmbH, München.

# Autorinnen und Autoren

Dr. Götz Doyé, Professor für Gemeindepädagogik im Studiengang Evangelische Religionspädagogik an der Evangelischen Fachhochschule in Berlin.

Marion Eimuth, Pfarrerin und Religionspädagogin im Zentrum Bildung der Evangelischen Kirchen in Hessen und Nassau, Darmstadt.

Dr. Frieder Harz, Professor für Religionspädagogik an der Evangelischen Fachhochschule in Nürnberg.

Martin Küsell, Berufsschulpastor an der Alice-Salomon-Schule, Berufsbildende Schule für Gesundheit und Soziales, Hannover; bis 2002.

Dr. Christoph Th. Scheilke, Pfarrer und Pädagoge, Direktor des Pädagogisch-Theologischen Zentrums der Evangelischen Landeskirche in Württemberg, Stuttgart.

Dr. Martin Schreiner, Professor für Religionspädagogik an der Universität Hildesheim.

Dr. Friedrich Schweitzer, Professor für Religionspädagogik / Praktische Theologie an der Universität Tübingen.

Peter Siebel, Pädagoge und Pfarrer, Dozent am Pädagogisch-Theologischen Institut der Evangelischen Kirche im Rheinland, Bonn-Bad Godesberg.

Ulrike Uhlig, Fachberaterin im Referat Kindertagesstätten, Diakonisches Werk der Evangelisch-Lutherischen Landeskirche Sachsens, Radebeul.

Johanna Wittmann, Pfarrerin für Religionspädagogik im Elementarbereich der Kirchenkreise Ottweiler, Saarbrücken und Völklingen, Illingen.

**Comenius-Institut**
Evangelische Arbeitsstätte für
Erziehungswissenschaft e.V

Schreiberstr. 12
48149 Münster
Tel. 0251/98101-0
info@comenius.de

## Kinder brauchen Hoffnung

Praxisorientierte Anregungen und Impulse mit konkreten Beispielen.

Band 1 [3-924804-72-9]

Band 2 [3-924804-73-7]

Band 3 [924804-74-5]

Band 4 [3-924804-75-3]

in Vorbereitung:

Band 5:

Willst Du mein Freund sein?

Freundschaft erfahren und gestalten